Leopold Mayer

Das G'schichtenbuch der Schule

Schule aus der Sicht eines Praktikers

VINDOBONA
VERLAG SEIT 1946

Ausschließlich zum Zweck der besseren Lesbarkeit wird auf eine geschlechterspezifische Schreibweise sowie auf eine Mehrfachbezeichnung verzichtet. Stattdessen wurde auf das generische Maskulinum zurückgegriffen. Alle Personenbezeichnungen sollen dennoch als geschlechtsneutral angesehen werden.

Bibliografische Information der Deutschen Nationalbibliothek:

Die Deutsche Nationalbibliothek verzeichnet diese Publikation in der Deutschen Nationalbibliografie. Detaillierte bibliografische Daten sind im Internet über http://www.d-nb.de abrufbar.

Alle Rechte der Verbreitung, auch durch Film, Funk und Fernsehen, fotomechanische Wiedergabe, Tonträger, elektronische Datenträger und auszugsweisen Nachdruck, sind vorbehalten.

www.vindobonaverlag.com

© 2025 Vindobona Verlag
in der novum publishing gmbh
Rathausgasse 73, A-7311 Neckenmarkt
office@vindobonaverlag.com

ISBN 978-3-903574-71-7
Lektorat: L. V. Bischof
Umschlagabbildung:
Sensay | Dreamstime.com
Umschlaggestaltung, Layout & Satz:
Vindobona Verlag
Innenabbildung:
© Schulmuseum Michelstetten,
Schulberg 1, 2151 Michelstetten
Autorenfoto: Leopold Mayer

Gedruckt in der Europäischen Union auf umweltfreundlichem, chlor- und säurefrei gebleichtem Papier.

Ein Handbuch
für Lehrende, Lernende und an der Schule Interessierte

von
HR Mag. Leopold Mayer
Dir. i. R der HLW Hollabrunn

Für
meine Enkelkinder

Inhaltsverzeichnis

I Unterricht 11

1. Bevor du dich auf den Weg machst,
   musst du Ordnung in deine Gedanken bringen. 14
2. Ich verstehe zwar nichts, aber es muss ein
   kluger Kopf sein, der da spricht 17
3. Erkläre es mir, und ich werde es vergessen,
   zeige es mir, und ich werde es vielleicht behalten,
   lass es mich tun, und ich werde es können. 19
4. Erfolg macht Spaß! 22
5. Hausübungen – ein Muss? 24
6. Fehler sind der Beginn jedes Lernprozesses. 26
7. Nur Vertrauen schafft
   gedeihliche Zusammenarbeit. 28
8. Du als Lehrer musst Dich wohlfühlen.
   Du bist das Wichtigste! 31
9. Schule ist die zutiefst zwischenmenschliche
   Begegnung zwischen Schüler und Lehrer. 34
10. Lächle und die Welt lächelt zurück 37
11. Lebensklugheit bedeutet, alle Dinge möglichst
    wichtig, aber keines völlig ernst zu nehmen. ... 39
12. Du bist einzigartig. Sei heute dankbar dafür,
    so zu sein, wie du bist. Niemals zuvor hat es
    einen Menschen wie dich gegeben. 41
13. Wertschätzung ist die schönste Form
    der Anerkennung 44
14. Benotung fair und gerecht 48

II Schulleitung ... 51

15. Die Menschen wünschen nicht,
    dass man zu ihnen redet.
    Sie wünschen, dass man mit ihnen redet. 54
16. Das Gefühl kann viel feinfühliger sein
    als der Verstand scharfsinnig. 58
17. Nimm die Menschen, wie sie sind.
    Andere gibt es nicht. 61
18. Die Visitenkarte und das Herz der Schule. 65
19. Wir bleiben nicht gut, wenn wir nicht
    ständig trachten, besser zu werden. 68
20. Autorität hat, wer die Achtung und
    Wertschätzung seiner Mitarbeiter besitzt,
    nicht wer unfehlbar ist. 72
21. Die Kunst, im richtigen Ausmaß zu loben,
    ist eines der Geheimnisse
    erfolgreicher Menschenführung. 75
22. Humor. 79
23. Höre nicht auf die Pessimisten. 83
24. Ein bisschen gesunder Menschenverstand,
    ein bisschen Toleranz, ein bisschen Humor,
    wie behaglich es sich in
    unserer Schule leben ließe. 86
25. Optimismus ist Pflicht! 90
26. Zum Abschluss eine sehr schöne Geschichte 94

III Anhang ... 95

Sandkastenspiele im Elfenbeinturm –
Gegenwart und Zukunft der Bildung 95
26 Gedanken zur Zukunft der
österreichischen Bildung 100
Literaturverzeichnis 106

1 Unterricht

*Humor ist der Knopf,
der verhindert,
dass uns der Kragen platzt.*

Joachim Ringelnatz

Schule im Chaos, Krise in der Schule, verzweifelte Lehrer, nicht genug Lehrer für das nächste Schuljahr – eine Vielzahl von negativen Schlagzeilen zum Thema Schule.

Schule ist ein Thema, das fast alle interessiert. Schüler, Eltern, Großeltern, Lehrer oder sonstige Betroffene und wo alle glauben, etwas davon zu verstehen und mitreden zu können, da doch jeder wenigstens als Schüler davon betroffen war und seine persönlichen mehr oder weniger positiven oder negativen Erlebnisse damit verbindet.

40 Jahre als Lehrer für kaufmännische Gegenstände, Kommunikation und Präsentation, davon 22 Jahre Direktor einer berufsbildenden Schule mit ca. 700 Schüler, oftmaliger Seminarleiter und Vortragender bei Neulehrer- und Neudirektorenseminaren und österreichischer Direktorensprecher haben mir viele Einblicke in das Schulleben ermöglicht.

Trotz der vielen negativen Kommentare zur Schule ist es wichtig, die Schule positiv zu sehen und bei Beachtung einiger wichtiger Punkte gute Stimmung in die Schule zu bringen.

Die wichtigsten Eckpfeiler für eine funktionierende Schule sind ziemlich einfach und trivial und lassen sich auf fünf wichtige Punkte reduzieren.

Punkt 1: Es muss den Schülern etwas gelernt werden
Punkt 2: Die Schüler müssen etwas können, damit sie am Arbeitsmarkt und in ihrem weiteren Leben erfolgreich sind
Punkt 3: Die Lehrer müssen ihre Schüler mögen
Punkt 4: Die Lehrer und Schüler müssen sich gegenseitig vertrauen
Punkt 5: Es muss gemeinsam gelacht werden

Viele Probleme der Schule werden jedoch von den übergeordneten Dienstbehörden oder der Politik durch völlig realitätsferne Entscheidungen verursacht. So wurden in den letzten Jahren eine Vielzahl von Entscheidungen wie das Bildungsreformgesetz, das neue Dienstrecht, Änderung der Lehrerausbildung usw. getroffen, die die Arbeit in den Schulen erheblich erschweren.

Schön wäre es, wenn sich die Politik endlich entscheiden würde, ob die Schule eine Kinderverwahrungsanstalt, ein Fremdenverkehrsförderverein oder doch eine Bildungseinrichtung ist. Derzeit versucht man, in einem ziemlich unzulänglichen Spagat, all diese Ziele zu erreichen.

Sehr förderlich wäre weniger auf selbst ernannte, schulferne Bildungsexperten zu hören, sondern auf die Expertise der im täglichen Schulalltag Stehenden zu vertrauen.

Besonders wichtig wäre es, wenn die Spitzenbeamten des Bildungsministeriums auch neben ihrer eigenen Schulzeit noch einige Zeit als Lehrer oder Direktor verbracht hätten, um die Probleme der Schule nicht nur theoretisch, sondern aus eigener Sicht verstehen könnten. Es ist schon etwas erstaunlich, wenn in pädagogischen Abteilungen des Ministeriums kein einziger Lehrer beschäftigt ist.

Schule ist ein Ort, an dem die zwischenmenschlichen Beziehungen immens wichtig sind, in der es einfach „menschelt" und die nicht durch theoretische Organisationsformen, die mehr schlecht als recht von der Wirtschaft abgekupfert werden, reformiert werden kann.

In vielen von Seiten des Dienstgebers zu besuchenden Veranstaltungen habe ich sehr viel über Bürokratie, verschiedene Organisationsformen, wichtige auszufüllende Formulare, einzuhaltende Termine usw. aber kaum etwas über guten Unterricht gehört.

> *Bevor ich in die Schule kam*
> *konnte ich alles.*
> *Ich war Sheriff, Indianer*
> *und Räuber.*
> *Aber seitdem ich in die Schule gehe*
> *weiß ich überhaupt nichts mehr.*
>
> Albert Cullum

Die folgenden Märchen und Geschichten sollen eine Reihe von Punkten untermauern, die für einen guten Unterricht und eine erfolgreiche Schulführung wesentlich sind.

> *Der Lehrer weiß das Ziel*
> *und er muss den Weg dorthin*
> *so anregend, spannend, bunt,*
> *humorvoll und lustig gestalten,*
> *dass der Schüler ihn gerne mitgeht!*

1. Bevor du dich auf den Weg machst, musst du Ordnung in deine Gedanken bringen.

Arthur Lassen

Geschichte vom Wegweiser

Ein junger Mann hatte das Herumsitzen satt und wollte sich auf den Weg machen. Er hatte davon gehört, dass in einem fernen Land das Glück höchstpersönlich zu finden sei. Ein alter Mann, der behauptete, aus diesem Land zu stammen, hatte ihm davon erzählt. „Es ist ganz leicht, dieses Land zu finden", hatte er gesagt, „benutze einfach die Kirchtürme als Wegweiser. Sie zeigen dir, wo es lang geht."

„Nun, wenn dies so einfach ist", sagte sich der junge Mann, „dann will ich mich nicht länger mit Nichtstun aufhalten." Er machte sich auf den Weg und hielt dabei nach dem ersten Kirchturm Ausschau. Und tatsächlich, nach einer kurzen Strecke sah er weit entfernt vor sich einen Kirchturm hoch in der Landschaft aufragen. Ohne zu Zögern ging er diesem Kirchturm entgegen. Nach einigen Stunden hatte er das Dorf, in dem der Kirchturm stand, erreicht. Und als er diesen Kirchturm nur ein wenig bestieg, sah er bereits den Turm der Kirche aus dem Nachbarort. Von diesem aus zeigte sich wiederum der nächste Turm, und so ging seine Reise sehr zügig von Ort zu Ort, immer den Kirchtürmen folgend, die wie riesige Wegweiser weithin sichtbar in der Landschaft standen.

Der junge Mann kam auf diese Weise in fremde Länder, die er zuvor noch nie gesehen hatte, die Kirchtürme hatten dort andere Formen und Gestalten, aber immer waren sie hoch aufgerichtet und von Weitem zu sehen. Doch in das Land, in dem das Glück höchstpersönlich wohnen sollte, kam er nicht. Nach und nach bekam der junge Mann Zweifel, ob das wirklich der richtige Weg war, um das Glück zu finden.

Und wie der Zufall es wollte, gerade, als er die Reise aufgeben wollte, begegnete ihm wieder der alte Mann, der ihm zu dieser Suche Mut gemacht hatte. Der junge Mann klagte ihm sein Leid und die Vergeblichkeit seiner Reise, bei der ihm die Kirchtürme als Wegweiser dienten. Doch der alte Mann lächelte und sagte: „Du willst eine Reise unternehmen und weißt nicht einmal, wie man Wegweiser benutzt? Nun, du bist zwar von Kirchturm zu Kirchturm gegangen, aber du hast nicht den Weg benutzt, den dir die Türme gewiesen haben: Schau hin! Alle Wegweiser-Kirchtürme zeigen – nach oben!" (1)

Fazit:

Eine gute Vorbereitung ist der Grundstein für guten Unterricht. Ohne eine vernünftige Vorbereitung, die sich vor allem mit der Frage beschäftigt, wie kann ich den Stoff klar und deutlich an die Schüler vermitteln, ist jede Unterrichtsstunde zum Scheitern verurteilt. Sich erst im Auto (Autodidaktik) oder auf der Schwelle zur Klasse (Schwellendidaktik) zu überlegen, was in der Stunde geschehen soll, führt nur zu unbefriedigenden Unterrichtsergebnissen.

Die Vorbereitung soll jedoch nicht minutiös geplant werden und in oft auf den Hochschulen gelehrten Stundenbildern enden, sondern es geht darum, wie ich den Stoff bestmöglich erkläre und wo ich die Schüler abhole – daher kann der gleiche Stoff in unterschiedlichen Klassen auch verschieden erklärt werden. Besonders wichtig ist, dass die Erklärungen kurz, prägnant und verständlich sind und schnell auf eine klare Grundstruktur zurückgeführt werden. Der Lehrer soll sich bei seinen Erklärungen Zeit nehmen und die Schüler sollen einen langsamen Entstehungsprozess Schritt für Schritt erleben können. Außerdem soll in jeder Stunde genügend Zeit für eine Übungsphase der Schüler bleiben, denn ein wichtiger Grundsatz lautet: „Gelernt wird in der Schule und nicht zu Hause." Die Anwendung von Methodenvielfalt hilft natürlich sehr dabei, die Schüler zu erreichen.

Dazu eine persönliche Geschichte:

Während meiner Tätigkeit am WIFI klagte bei einer Trainerbesprechung eine Kollegin darüber, dass ihre Kursteilnehmer sich sehr schwertaten, die Lohnverrechnung zu verstehen, dabei hatte sie doch alles theoretisch bis ins Detail so gut erklärt.

Sie hatte aber vergessen, zuerst für eine klare Grundstruktur der Lohnverrechnung zu sorgen (das einfachste Abrechnungsschema verständlich zu präsentieren) und erst wenn die Kursteilnehmer diese Grundstruktur verstanden haben, dann ist Zeit für weitere Details.
    Eine gute Erklärung ist wie ein geschmückter Christbaum. Erst braucht es einen schönen Baum, also eine leicht verständliche Grundstruktur, die dann mit schönem Christbaumschmuck, also mit weiteren wichtigen Details, vollendet wird.

Am meisten Vorbereitung kosten mich immer meine spontan gehaltenen improvisierten Reden.

Winston Churchill

2. Ich verstehe zwar nichts, aber es muss ein kluger Kopf sein, der da spricht

F. Schulz v. Thun

Die Fragen des Kindes

Das Kind kam zu seinem Vater und setzte sich auf seinen Schoß.
„Du Papi, wie funktioniert der Fernseher?"
„Das weiß ich nicht."
„Du Papi, woher kommt der Strom?"
„Das weiß ich nicht."
„Papi, warum wächst das Gras?"
„Ich weiß es nicht."
„Papi, stört es dich eigentlich, wenn ich all diese Fragen stelle?"
„Natürlich nicht, mein Kind. Wie sollst du denn etwas lernen, wenn du keine Fragen stellst!" (2)

Fazit:

Um im Unterricht solche Verwirrungen zu vermeiden, ist es entscheidend, dass sich der Lehrer immer bewusst ist, wo er die Schüler abholt und dass viele Dinge, die für ihn selbstverständlich sind, für die Schüler Neuland sind. Daher sollte sich der Lehrer auch immer so einfach wie möglich ausdrücken und verwendete Fremdwörter und Fachausdrücke sofort erklären. Wird in einem Satz nur ein Wort nicht verstanden, dann wird der gesamte Satz unverständlich. Zudem ist es sehr wichtig als Lehrer nachzufragen und Feedback einzuholen, ob wirklich kundengerecht unterrichtet wird.

Dazu eine persönliche Geschichte:

Im betriebswirtschaftlichen Unterricht ist eine Reihe von Fachausdrücken und Fremdwörtern notwendig. Leider ist dies vor allem in den ersten Klassen und Jahrgängen ein großes Problem, da die Schüler viele Wörter, die für mich einfach selbstverständlich waren, nicht verstanden haben. Vor allem als junger Lehrer, der gerade frisch von der Uni kam, war es ein großer Lernprozess zu verstehen, wo die Schüler sind, was sie können und wo ich sie abholen muss und daher im Unterricht sehr viele Wörter, die für mich ganz verständlich sind, genau erklären muss. Manches Mal, wenn ich in die verständnislosen Gesichter meiner Schüler blickte, hatte ich das Gefühl, ich unterrichte nicht Betriebswirtschaftslehre, sondern „Chinesisch mit spanischen Untertiteln", und daher musste ich mich immer hinterfragen und vieles ganz, ganz einfach und mit Beispielen aus der Lebensrealität der Schüler erklären.

Das machen wir schon immer so ...
Sollten wir es nicht gerade deswegen
einmal anders versuchen?

3. **Erkläre es mir, und ich werde es vergessen, zeige es mir, und ich werde es vielleicht behalten, lass es mich tun, und ich werde es können.**

Indische Volksweisheit

Eine kurze Geschichte über das Tun

Ein König stellte für einen wichtigen Posten den Hofstaat auf die Probe. Kräftige und weise Männer umstanden ihn in Scharen. „Ihr weisen Männer", sprach der König, „ich habe ein Problem zu bewältigen." Er führte die Anwesenden zu einem riesengroßen Türschloss, das so groß war, wie es keiner zuvor gesehen hatte. Der König erklärte: „Hier seht ihr das größte und schwerste Schloss, das je in meinem Reich war. Das Öffnen dieses Schlosses erfordert eine gewisse Kunst. Wer von euch ist in der Lage, dieses Schloss zu öffnen?"

Ein Teil des Hofstaates schüttelte nur verneinend den Kopf. Einige, die zu den Weisen zählten, sahen sich das Schloss näher an, gaben aber bald zu, dass sie es nicht schaffen könnten. Als die Weisen das gesagt hatten, schüttelte auch der Rest des Hofstaates verneinend den Kopf und gab zu, dass dieses Problem zu schwierig sei, als dass sie es lösen könnten.

Nur ein Wesir ging an das Schloss heran. Er untersuchte es mit genauen Blicken und auch mit seinen Fingern, versuchte es in den verschiedensten Weisen zu bewegen und zog schließlich mit einem Ruck daran – und siehe da, das Schloss öffnete sich! Das Schloss war nämlich, wie der König wusste, nicht richtig eingerastet und es bedurfte nichts weiter als des Mutes und der Bereitschaft, dies zu begreifen und beherzt anzufassen. Darauf sprach der König zum Wesir: „Du wirst die Stelle am Hof erhalten, denn du verlässt dich nicht nur auf das, was du siehst oder hörst, sondern setzt selbst deinen eigenen Körper ein und wagst eine Probe. (3)

Fazit:

Der Lehrer soll seine Vortragszeit auf ein Minimum beschränken, „er redet trotzdem noch immer zu viel". Die Erklärungen des Lehrers sollen kurz, prägnant und verständlich erfolgen. Erfolgreiche Unterrichtsarbeit besteht darin, die Arbeitsphase der Schüler in den Unterricht zu verlegen. Dadurch kann der Lehrer seiner Funktion als Betreuer der selbstständigen Schülerarbeit besser nachkommen und siehe da, manches Mal bewirken kleine Hilfestellungen wahre Wunder. Solch kleine persönliche Hilfestellungen während der Arbeitsphase werden von den Schülern als sehr wertvoll und wertschätzend empfunden. Wichtig ist auch den Schülern Mut zuzusprechen damit sie sich auch über Aufgaben trauen, von denen sie annehmen, dass sie sie nicht verstehen, beziehungsweise können und plötzlich verliert der Schüler auch seine Furcht vor Mathematik.

Im Konferenzzimmer sind Kollegen sehr wichtig, die sich trauen Dinge zu machen und umzusetzen und nicht sofort Gründe wissen, warum etwas nicht geht. Diese Mentalität zu wissen, warum etwas nicht geht, ist ein riesiger Energieräuber, da es sehr viel Kraft kostet, diese Einstellung zu überwinden. Es kommt auch zu keinem Lerneffekt, denn nur wenn man etwas probiert und es vielleicht auch schiefgeht, kann man aus den Fehlern lernen und es beim nächsten Mal besser machen.

Dazu eine persönliche Geschichte

Als junger Direktor kam ich leider in meinem ersten Dienstjahr des Öfteren zu spät in den Unterricht. Das schlechte Gewissen plagte mich und so versuchte ich die Zeit einzuholen und den Stoff so schnell wie möglich durchzubringen, bis mir die Klasse folgendes erklärte: „Wissen Sie Herr Direktor, die letzten zwei Jahre war es mit ihnen sehr leiwand, sie haben gut erklärt und sich Zeit gelassen. Jetzt sind Sie viel zu schnell und wir haben auch keine Zeit für eine Übungsphase – wir kennen uns einfach nicht mehr aus." Daraus lernte ich, auch wenn ich als Lehrer glaube im Stress zu sein und unbedingt den Stoff durchbringen zu müssen, so muss ich mir einfach Zeit lassen und Übungsphasen einplanen. Außerdem ist es unverzichtbar sich Zeit für emotionales Aufwärmen in der Klasse zu nehmen und für ein gutes Arbeitsklima zu sorgen, denn was der Bauch nicht einlässt, lässt der Verstand nicht zu.

Lernen ist herausfinden, was du bereits weißt.
Handeln ist zeigen, dass du es weißt.
Lehren ist andere wissen zu lassen,
dass sie es genauso gut können wie du selbst.

4. Erfolg macht Spaß!

Der gefangene Ball

Vera war gut in der Schule, sogar im Sport. Nur Ballspielen konnte sie nicht. Alle Mitschüler wussten es. Vera fängt keinen einzigen Ball. Dabei war sie sonst recht schnell, hatte passable Reaktionen und konnte gut sehen.

Vera ertrug, immer als eine der letzten in ein Ballspiel-Team gewählt zu werden. Vera fand sich damit ab, dass sie eben keine Bälle schnappen konnte. Als sie älter wurde, gewöhnte sie sich an den Gedanken, dass sie überhaupt Dinge, die durch die Luft flogen, nicht fangen konnte.

Wollte ihr Freund ihr den Autoschlüssel zuwerfen, wehrte sie ab und ging hin, um ihn sich zu holen. Wenn eine Freundin ihr beim Picknick einen Apfel zuwarf, landete der irgendwo im Gras. Und wenn beim Kramen ein Buch aus dem Regal fiel, ging Vera in Deckung, weil sie wusste, sie konnte es sowieso nicht aufhalten.

Vera wurde Mutter. Eines Tages saß sie bei ihrem Kind und freute sich über dessen erste selbstständige Essversuche. Das Kind feuerte mit einer unkoordinierten Armbewegung eine Plastikschüssel voll Karottenbrei von seinem Tisch. Ohne zu denken, griff Vera danach und fing das Schüsselchen im Flug auf. Kurz darauf machte sich der Löffel selbstständig. Wieder fing Vera ihn mit einer einzigen Handbewegung. So ging das eine ganze Weile, bis ihr plötzlich dämmerte, dass etwas an dieser Sache ungewöhnlich war.

Als ihr Mann heimkam, machte sie den Test. „Wirf mir einen Ball zu!", forderte sie ihn auf. Ihr Mann warf, Vera fing. Plötzlich wusste sie, was all die Jahre los gewesen war: Irgendwer hatte ihr und allen eingeredet, sie könne nicht fangen. Und die Mitschülerinnen und sie selbst hatten es geglaubt. So sehr, dass sie wirklich nicht fangen konnte. Nichts hatte dieses Bild ins Wanken bringen können – bis zu diesem Moment. (4)

Fazit:

Erfolgserlebnisse sind das Um und Auf für positive Lernergebnisse. Daher ist es wichtig, bei neuen Stoffgebieten in der Übungsphase mit leichten und einfachen Aufgaben zu beginnen. Wenn die Schüler diese bald selbstständig lösen können, erhalten Sie dadurch schnell Erfolgserlebnisse und Selbstvertrauen, das sie für die Lösungen der dann schwerer werdenden Aufgaben brauchen. Es ist völlig kontraproduktiv, wenn der Lehrer zuerst ein einfaches Beispiel erklärt und für die Einzelarbeit der Schüler ein schwierigeres Beispiel verwendet, dies führt nur zur Frustration bei den Schülern.

Dazu eine persönliche Geschichte:

Abschlussklasse – Weihnachten – Elternsprechtag – eine in Rechnungswesen völlig verzweifelte Schülerin überlegt, mit der Schule aufzuhören, da sie einerseits aufgrund von Krankheit und andererseits durch fehlende Lernmotivation sehr viel aufzuholen hat. Eine mehrstündige Schularbeit, die natürlich sehr viel Stoff umfasst, bringt sie völlig zur Verzweiflung und sie will die Schularbeit nicht machen, sondern lieber mit der Schule aufhören. Um dies zu verhindern und die Schülerin positiv zu motivieren, habe ich für sie einen individuellen Test mit stark eingeschränkten Stoffgebieten gemacht und siehe da, dieser Test wurde positiv absolviert. Plötzlich hatte der Gegenstand seinen Schrecken verloren und auch die mehrstündige Schularbeit, die nachgeholt wurde, und die Abschlussprüfung wurden positiv absolviert.

*Der Mensch ist das
Produkt seiner Gedanken.
Er ist und wird,
was er denkt.*

Mahatma Gandhi

5. Hausübungen – ein Muss?

In Befragungen schätzen Lehrer, Schüler und insbesondere Eltern Hausaufgaben mit großer Mehrheit als nützlich oder sogar unbedingt notwendig ein. Aus der „Hattie-Studie" von John Hattie geht jedoch hervor, dass das Erledigen von Hausaufgaben keinen signifikanten Einfluss auf den Lernerfolg hat. Hausaufgaben sind auf der Hattie-Rangliste auf Platz 88 hinter den untersuchten Einflussfaktoren „Medikamente", „Reduzierung von Unterrichtsstörungen" und „Schulleitung".

Wissenschaftliche Pädagogik und Lehrerausbildung schenken dem Thema Hausaufgaben vergleichsweise geringe Beachtung, wenn aber doch, dann wird gerne kritisiert, dass Hausaufgaben auch in der Praxis nicht die nötige Beachtung finden, weshalb unreflektierte, fantasielose Routine überwiegt. (TIMMS-Studien von 1994 und 1999). Hier findet sich eine negative Korrelation von durchschnittlichen Schülerleistungen und durchschnittlich aufgewendeter Zeit für Hausaufgaben; Hausaufgaben werden inzwischen in der Pädagogik teilweise als unsinnig angesehen, da sie nicht in der Lage seien, Verständnis zu vermitteln (vgl. Education Week vom 6. September 2006). (5)

Fazit:

Ob es nötig ist, nach jeder Unterrichtsstunde eine Hausübung zu geben, erscheint sehr zweifelhaft. Hausübung nach dem Motto zu geben: „Die Stunde ist aus und Hausübung muss einfach sein, damit die Schüler auch zu Hause beschäftigt sind", erscheint mir sinnlos. Viel effizienter ist es Hausübungen individuell je nach den Anforderungen der Schüler zu vergeben. Warum soll ein Schüler, bei dem ich schon während der Stunde merke, dass er alles verstanden hat, zu Hause nochmals üben? Viel wirksamer ist es, wenn es dem Lehrer gelingt die Schüler, bei denen Defizite vorherrschen, dazu zu motivieren, die auf sie abgestimmten Übungsaufgaben auch tatsächlich in Heimarbeit zu machen.

Dazu eine persönliche Geschichte:

Als junger Lehrer ist es selbstverständlich Hausübungen zu geben, man hat es ja selbst nicht anders erlebt und auf der Universität wurde darüber natürlich auch nicht gesprochen. Warum denn auch, weil vielleicht hätte das in der Lehrerausbildung etwas gebracht. Als engagierter Lehrer verbessert man natürlich die Hausübungen, denn sie sollen ja zu einem Lerneffekt führen. Siehe da, viele Hausübungen gleichen sich, die Fehler sind immer dieselben, absurde Zahlen bringen ein richtiges Ergebnis – also ein großer Prozentsatz der Hausübungen waren abgeschrieben und damit blieb jeder Lernerfolg aus. Übrigens meine Kinder bekamen ihre Hausübungen dann schon per Mail.

So stellte ich sehr bald fest, dass generelle Hausübungen wenig Sinn machen und habe versucht im Bedarfsfall dem Schüler individuelle Übungen aufzugeben und bin damit sehr gut gefahren. Sehr viel Erfolg brachten für die Schüler individuell zusammengestellte Lernprogramme, die die Schüler über die Ferien zu erledigen hatten und damit wirklich viele Defizite aufholen konnten.

Verteile Hausübungen
individuell –
nach den Bedürfnissen
der Schüler!

6. Fehler sind der Beginn jedes Lernprozesses.

Freut euch über Fehler!

Um Visionen verwirklichen und Ziele erreichen zu können ist es erlaubt auch Fehler zu machen. Wer Angst vor Fehlern hat oder davor, sich damit zu blamieren, schränkt seine eigene Entwicklung ein.

Verurteilt deshalb auch niemals andere, die Fehler machen, sondern versteht dies als Lernprozess, der dazu dient, besser zu werden. Schon der Versuch allein verdient Anerkennung.

So wie bei einem Kind, das dabei ist, gehen zu lernen. Es wird oft hinfallen. Die Eltern werden nicht das Fallen kritisieren, sondern immer wieder die ersten Schritte loben. (6)

Fazit:

Und was macht die Schule – sie streicht Fehler rot an (damit die Schüler sie sich besser merken?) und beurteilt sie. Die Fehlerkultur in der Schule ist eigentlich schrecklich. Fehler werden beurteilt, aber nicht als Beginn eines Lernprozesses verstanden. Schüler sind Lernende und haben damit das Recht angstfrei (ohne Beurteilung) Fehler zu machen und aufgrund dieser Fehler zu lernen, sich zu verbessern, ihr Können zu steigern und erst dann setzt meiner Meinung nach die Beurteilung ein. Es ist sehr wichtig, dass sich der Lehrer seiner Rolle als Lernbegleiter und Coach, bewusst wird und weiß, wie motivierend Lob auch bei kleinsten Fortschritten wirkt.

Dazu eine persönliche Geschichte:

Viele Schüler haben aus welchen Gründen auch immer, während ihrer Schullaufbahn Tiefs zu durchlaufen. Die erste Folge sind negative Ergebnisse auf Schularbeiten oder Tests und gerade für diese Schüler ist es sehr hilfreich, ihre vielen Fehler als Start eines Lernprozesses zu nutzen. Hat so ein Schüler auf den ersten Test 10 von 100 Punkten erreicht, ist er klarerweise negativ, wenn er beim nächsten Test bereits 30 Punkte, erreicht hat, ist er noch immer negativ, aber er hat sich enorm gesteigert.

Auf diese Steigerung muss der Lehrer besonders hinweisen und sie als Erfolg sehen. Weil diese Steigerung ist für viele Schüler die Motivation weiterzuarbeiten, klarerweise mit Unterstützung des Lehrers, um so doch noch nach einer gewissen Zeit eine positive Note zu erreichen.

Entscheidend für die Schüler ist, dass sie immer einen Silberstreif am Horizont sehen und ihnen durch die Lehrer nicht die Hoffnung genommen wird, das Ziel doch noch zu erreichen.

*Einen Fehler machen
und ihn nicht zu
korrigieren –
dass erst heißt wirklich
einen Fehler zu machen.*

Konfuzius

7. Nur Vertrauen schafft gedeihliche Zusammenarbeit.

Albert Schweitzer

Spuren im Sand

Ich träumte eines Nachts, ich ging am Meer entlang mit meinem Herrn. Und es entstand vor meinen Augen, Streiflichtern gleich, mein Leben. Für jeden Abschnitt, wie mir schien, entdeckte ich je zwei Paar Schritte im Sand; die einen gehörten mir, die anderen dem Herrn.

Als dann das letzte Bild an mir vorbeigeglitten war, da sah ich zurück und stellte fest, dass viele Male nur ein Paar Schritte im Sand zu sehen waren. Diese zeichneten die Phasen meines Lebens, die mir am schwersten geworden waren.

Das machte mich verwirrt, und fragend wandte ich mich an den Herrn: „Als ich dir damals alles, was ich hatte, übergab, um Dir zu folgen, da sagtest Du, Du würdest immer bei mir sein. Doch in den tiefsten Nöten meines Lebens sehe ich nur ein Paar Spuren hier im Sand. Warum verließest Du mich denn gerade dann, als ich Dich so verzweifelt brauchte?"

Der Herr nahm meine Hand und sagte: „Nie ließ ich Dich allein, schon gar nicht in den Zeiten, da du littest und angefochten warst. Wo Du nur ein Paar Spuren hier im Sand erkennst, da trug ich Dich auf meinen Schultern."

aus Taizeh (7)

Fazit:

Vertrauen ist die Basis einer guten Zusammenarbeit. Die Schüler müssen dem Lehrer vertrauen und der Lehrer muss Handschlagqualität beweisen und sich an die Dinge, die vereinbart sind, halten. Weiters sollte der Lehrer ein unerschütterliches Vertrauen in die Leistungsfähigkeit seiner Schüler besitzen. In einem vertraulichen Arbeitsklima wächst die Leistungsfähigkeit der Schüler enorm und für die Schüler ist es von sehr großer Bedeutung sich auf einen Lehrer wirklich verlassen und ihm vertrauen zu können. Für Unterrichtserfolge gilt nämlich folgendes Prinzip: „Was der Bauch nicht einlässt, lässt der Verstand nicht zu." Es ist wichtig die Schüler über die emotionale Schiene zu gewinnen, weil dies das Lernen beim Schüler wesentlich erleichtert.

Dazu eine persönliche Geschichte:

Schüler mit größeren Leistungsdefiziten bekamen für Ferien (Weihnachten, Semester, Ostern) ein speziell auf sie abgestimmtes Lernprogramm. Ob sie das Lernprogramm erfüllten, lag allein in der Verantwortung der Schüler, die aber die Möglichkeit bekamen, bei Problemen mit mir darüber zu reden und erklären zu lassen, ebenso wurde die Erfüllung dieses Lernprogramm von mir nicht in die Benotung einbezogen. Die Erarbeitung dieser Lernprogramme basierte daher nur auf Vertrauen. Vertrauen von mir, dass die Schüler ihre Programme erfüllten, Vertrauen der Schüler, dass sie nicht benotet wurden, aber Hilfe bekamen, wenn sie sie benötigten – und mit diesem auf Vertrauen aufgebauten Konzept gelang es vielen Schülern Lerndefizite zu vermindern und zu einem positiven Abschluss zu kommen.

Zitat einer Schülerin: „Und dass Sie immer an mich geglaubt haben, hat mir entscheidend dazu geholfen es doch zu schaffen – Vielen Dank!"

*Das Vertrauen wird eines
der größten, seltensten und
beglückendsten Geschenke
menschlichen Zusammenlebens
bleiben.*

8. Du als Lehrer musst Dich wohlfühlen. Du bist das Wichtigste!

Sauerstoffmaske

Sind Sie schon geflogen?
Dann kennen Sie sicher auch noch die Sicherheitsanweisungen der Stewardess von früher – heute wird einem ja meist ein Film vorgeführt.
Ich habe eine Freundin, die fliegt sehr viel. Als sie noch jünger war, verstand sie bei all diesen Anweisungen eines nicht: die Aufforderung, sich zunächst selbst die Maske aufzusetzen und erst danach ihrem Kind. Sie fand das unmöglich – jede Mutter kümmert sich doch instinktiv zuerst um ihr Kind.
Bis sie sich näher damit auseinandergesetzt hatte und folgende Erklärung las:
Flugzeuge fliegen in Höhen, in denen die Luft sehr kalt und sehr dünn ist. Menschen können in dieser dünnen Luft nicht lange bei Bewusstsein bleiben. Es steht uns ungefähr eine Minute zur Verfügung, innerhalb der wir noch normal handlungsfähig sind. Wenn es zu lange dauert, kann der Sauerstoffmangel auch zu irreparablen Schäden führen. Der geringe Luftdruck ist zunächst nicht lebensbedrohlich. Die in diesen Höhen herrschende Kälte und der geringe Sauerstoffgehalt sind es allerdings schon. Daher ist die Kabine luftdicht konstruiert. In großen Höhen werden die Bedingungen innerhalb der Kabine auf einem normalen Niveau gehalten. Die Sauerstoffmasken befinden sich meist in der Deckenverkleidung über jedem Sitzplatz. Sie werden automatisch ausgelöst, wenn der Druck fällt. Eine Klappe über dem Sitz öffnet sich, die Sauerstoffmaske fällt herunter und das Gummiband wird über den Kopf gezogen.
Sie sollten sich zuerst selbst die Maske überziehen und sich **dann erst** um ihre Sitznachbarn (z. B. Kinder) kümmern.

Erst, wenn **Sie** Sauerstoff zum Atmen haben, können **Sie** sich um ihre Mitflieger kümmern. Wenn **Sie** selbst ohnmächtig werden, während **Sie** versuchen, Ihrem Kind die Maske aufzusetzen, bleibt Ihr Kind allein in dieser Situation zurück.

Ergo: Wenn ich (auf) mich achte, kann ich auch (auf) andere achten. (8)

Fazit:

Der Lehrer ist für den Unterrichtsprozess verantwortlich. Um diesen erfolgreich durchführen zu können ist es wichtig, dass der Lehrer darauf schaut, dass es ihm gut geht. Es kann nicht sein, dass so viele Lehrer am Burn-out-Syndrom leiden oder weinend im Konferenzzimmer sitzen, weil sie vergessen auf sich selbst zu schauen und sich ein Lernumfeld zu schaffen, in dem sie sich wohlfühlen. Daher ist es notwendig schon bei kleinsten Problemen mit der Klasse gegenzusteuern und sich Unterstützung zu suchen durch Kollegen, Klassenvorstand, Direktion oder Eltern. Sehr hilfreich ist auch ein rechtzeitiges Vieraugengespräch mit den problematischen Schülern.

Ein kleines Feuer ist schnell zu löschen, lässt der Lehrer es aber zu lange schwelen, bis der schulische Vulkan ausbricht, dann befindet sich der Lehrer vor unlösbaren Schwierigkeiten und Problemen. Daher wehre den Anfängen, denn der Lehrer bekommt Gehalt und kein Schmerzensgeld, denn er wird dafür bezahlt gut zu unterrichten und nicht um zu leiden.

Für alle Lehrer ist es immens wichtig, sich ein privates Rückzugsgebiet zu schaffen, in dem sie ihre Batterien wieder aufladen können.

Dazu eine persönliche Geschichte:

Als Direktor der Schule war es mir immer wichtig, mich nicht in alle Dinge einzumischen, aber sehr darauf zu schauen, dass es niemandem, ob Schüler oder Lehrer, schlecht geht. In solchen Situationen war es dann nötig einzugreifen entweder als Mediator, im Sechs-Augen-Gespräch zwischen Schüler, Lehrer und mir oder auch als Vermittler zwischen einer ganzen Klasse und dem jeweiligen Lehrer und wenn es gelang, dass sie sich einmal zugehört hatten und mit meiner Hilfe Verständnis für die andere Seite aufbrachten, waren viele Schwierigkeiten schon beseitigt.

Mit einer gemeinsamen Vereinbarungskultur zwischen Schüler und Lehrer gelang es viele Probleme zu lösen und für ein entspanntes Klassenklima zu sorgen. Ganz wichtig war es immer wieder bei Lehrern und Schülern nachzufragen, ob die Klassensituation weiterhin entspannt und mit wenigen Problemen ablief, weil sonst musste ich wieder ein- und manchmal auch durchgreifen.

Über das Glück

*Ein Geschäftsmann kam zum Meister und wollte wissen, was das Geheimnis eines erfolgreichen Lebens sei.
Da sagte der Meister: „Mach jeden Tag einen Menschen glücklich!"
Und nach einer Weile fügte er hinzu:
„... Selbst wenn dieser Mensch du selbst bist."
Und noch ein wenig später sagte er:
„Vor allem, wenn dieser Mensch du selbst bist!"*

Märchen aus Asien

9. Schule ist die zutiefst zwischenmenschliche Begegnung zwischen Schüler und Lehrer.

Der Junge mit dem Seestern

Nach einem Unwetter waren am Strand unzählige Seesterne angespült worden. Ein kleiner Junge lief dort entlang, nahm Seestern für Seestern und warf sie zurück ins Meer. Ein Mann, der das beobachtete, ging zu dem Jungen und sagte: „Das ist sinnlos, der ganze Strand ist voll von Seesternen, du kannst sie nicht alle retten. Was du tust, ändert nicht das Geringste." Der Junge überlegte kurz, ging zum nächsten Seestern, hob ihn vom Boden auf, warf ihn ins Meer zurück und sagte: „Für ihn ändert es alles!" (9)

Fazit:

Die Lehrer sind für ihre Schüler verantwortlich und im Mittelpunkt des Interesses sollte immer der Schüler mit all seinen Stärken und Schwächen stehen. Die Person des Schülers ist immer wichtiger als der zu vermittelnde Stoff. Der Lehrer soll Interesse an der gesamten Person des Schülers haben und auch über private Probleme informiert sein (z. B. Scheidung der Eltern, Krankheit, Todesfall in der Familie etc.) aber auch über außerschulische Erfolge (z. B. auf sportlichem, kreativem, musikalischem Gebiet).

So groß das Interesse an der gesamten Person des Schülers ist, so muss der Lehrer aber auch lernen sich abzugrenzen, da oft Lehrer als Ansprechperson für persönliche Probleme zur Verfügung stehen. In solchen Situationen ist es aber ganz besonders wichtig, dass der Lehrer sich abgrenzt und nicht versucht Schüler zu therapieren, da er in dieser Funktion einfach überfordert ist.

Es ist als Lehrer wichtig hinzuhören, aufmerksam zu sein, aber bei Problemen die richtigen Schritte zu setzen, um den Schüler zu Fachleuten (z. B. Therapeuten, Schularzt, Schulpsychologe …) zu bringen und nicht selbst versuchen die Probleme zu lösen. In unserer Schule gab es dafür einen genau vorgezeichneten Weg: Lehrer – Klassenvorstand – Direktor – Schulärztin – außerschulische Experten.

Dazu eine persönliche Geschichte:

Als Direktor hatte ich zu einer sehr schwierigen Schülerin sehr guten Kontakt. Sie hatte auch große Probleme in ihrem Elternhaus, obwohl die Eltern sehr bemüht waren. An einem Wochenende verschwand sie am Freitag aus der elterlichen Wohnung und war für ihre Eltern nicht mehr erreichbar. Ein verzweifelter Vater informierte mich am Montagmorgen von dieser Situation. Mein Versuch sie telefonisch zu erreichen war sofort erfolgreich, sie hob das Telefon ab und sagte: „Ich bin schon auf dem Weg in die Schule und komm dann gleich zu Ihnen, um mit Ihnen zu reden …" Es gelang mir sie zu überzeugen, dass sie sich in therapeutische Behandlung begeben sollte, was sie auch tat, aber Ihr Weg führte dann leider weiter bis zu stationären Krankenhausaufenthalten.

Auszug aus dem Brief einer Mutter:
Vielen Dank für ihre sofortige Unterstützung und ihr großes Verständnis für die Krankheit unseres Kindes.
Sie haben uns damit sehr viel Druck genommen und Kraft gegeben. Unglaublich vom Direktor zu hören „dass die Schule nicht im Vordergrund steht, sondern das Gesundwerden"!
Danke auch für ihr Vertrauen in …, dass sie ihren schulischen Weg weiter gehen wird, es ist unglaublich schwierig, wir hoffen, dass sie es meistern kann.
(Die Schülerin hat mittlerweile ihre Reife- und Diplomprüfung mit Bravour gemeistert)

*Wir sind nicht nur
verantwortlich für das,
was wir tun.
sondern auch für das,
was wir nicht tun.*

Moliere

10. Lächle und die Welt lächelt zurück

Der Tempel der tausend Spiegel

Eines Tages besuchte ein Hund den Tempel der tausend Spiegel.

Er stieg die hohen Stiegen hinauf, betrat den Tempel und schaute in die tausend Spiegel, sah tausend Hunde, bekam Angst und knurrte. Tausend andere Hunde knurrten zurück. Mit gekniffenem Schwanz verließ er den Tempel in dem Bewusstsein: Die Welt ist voller böser Hunde.

Kurze Zeit später kam ein anderer Hund in den gleichen Tempel. Auch er stieg die Stufen empor, ging durch die Tür und betrat den Tempel der tausend Spiegel. Er sah ebenfalls in den Spiegeln tausend andere Hunde, freute sich darüber und wedelte mit dem Schwanz. Tausend andere Hunde freuten sich und wedelten zurück. Dieser Hund verließ den Tempel im Bewusstsein: Die Welt ist voller freundlicher Hunde.

Indisches Märchen (10)

Fazit:

Grundsätzlich sollte ein Lehrer gut aufgelegt in den Unterricht gehen, denn gute Laune ist eine solide Basis für ein gutes zwischenmenschliches Miteinander.

Wichtig ist, dass im Unterricht gelacht wird – denn eine Unterrichtsstunde ohne Lachen ist keine gute Unterrichtsstunde.

Besonders bedeutend für die Schüler ist aber, dass der Lehrer für die Schüler einschätzbar ist, die Schüler haben nämlich kein Recht auf die Launen eines Lehrers.

Besonders achten soll der Lehrer darauf, dass der Humor nicht zulasten der Schüler geht und es ist eine sehr schmale Grenze zwischen lustig und bereits beleidigend, vor allem persönliche Anspielungen, auch wenn sie lustig gemeint sind, sollen vom Lehrer unterlassen werden, da die Schüler oft sehr empfindlich sind und dann persönlich beleidigt reagieren, was die gemeinsame Basis sehr stört.

Der Lehrer sollte auch „Meldungen" der Schüler nie persönlich nehmen.

Es ist leider manches Mal die Zunge schneller als das Hirn und so passieren, leider aus der Emotion beleidigende Aussagen durch den Schüler, die man aber nie persönlich nehmen soll, denn ich bin fest davon überzeugt, dass kein Schüler in der Früh aufsteht und sich vornimmt den Lehrer XY zu ärgern. Wenn wir, das glauben, dann nehmen wir uns in unserer Funktion als Lehrer viel zu wichtig.

Dazu eine persönliche Geschichte:

In unserer Schule war es üblich, dass die Lehrer bei der Mitternachtseinlage beim Schulball mitmachten. Als junger Direktor im ersten Dienstjahr baten mich die Schüler bei der Mitternachtseinlage mitzumachen. Dieser Auftritt als Direktor bei der Mitternachtseinlage wurde von vielen sehr kritisch gesehen und vorausgesagt, dass dies meine Autorität schmälern würde, wenn ich hier den Kasperl mache. Doch meine Einlage als Elvis Presley war legendär und ich gewann viel Achtung bei meinen Schülern dadurch, dass ich zu diesem Spaß zu haben war. Und so gab es dann noch viele Auftritte (z. B. als Frau verkleidet, als grünes Monster usw.) bei der Mitternachtseinlage oder auch als durch den Turnsaal fliegender Direktor bei unseren einzigartigen Faschingsdienstagsfeiern. Und keine dieser Aktionen wurde mir jemals negativ angekreidet, sondern ich gewann dadurch viele Sympathien meiner Schüler und schließlich warteten auch viele Leute in Hollabrunn schon auf den Mitternachtsauftritt des Direktors am Ball.

Ein Lächeln am Morgen,
ist wie die Sonne die dich
den ganzen Tag begleitet.

11. Lebensklugheit bedeutet, alle Dinge möglichst wichtig, aber keines völlig ernst zu nehmen.

Arthur Schnitzler

Der Suchende

Es war einmal ein Suchender. Er suchte nach einer Lösung für sein Problem, konnte sie aber nicht finden. Er suchte immer heftiger, immer verbissener, immer schneller und fand sie doch nirgends.

Die Lösung ihrerseits war inzwischen schon ganz außer Atem. Es gelang ihr, einfach nicht, den Suchenden einzuholen, bei dem Tempo, mit dem er hin und her raste, ohne auch nur einmal zu verschnaufen oder sich umzusehen und innezuhalten.

Eines Tages gab der Suchende mutlos auf, setzte sich auf einen Stein, legte den Kopf in die Hände und wollte sich eine Weile ausruhen. Die Lösung, die schon gar nicht mehr daran geglaubt hatte, dass der Suchende einmal anhalten würde, stolperte mit voller Wucht über ihn! Und er fing auf, was da so plötzlich über ihn hereinbrach, und entdeckte erstaunt, dass er die Lösung in Händen hielt. (11)

Fazit:

Ein Problem der Schule besteht sicher darin, dass die Lehrer ihr Unterrichtsfach als ganz besonders wichtig ansehen und darauf vergessen, dass ihr Gegenstand nur ein Teil im Gesamtfächerkanon von vielen Gegenständen ist.

Daher nehmen sie oft Nichtwissen von Seiten der Schüler als besondere Missachtung ihres Gegenstandes und natürlich ihrer Person an und reagieren auf Wissenslücken des Schülers persönlich gekränkt und dementsprechend emotional.

Stattdessen sollte der Lehrer sich als Teil des gesamten Schulkörpers sehen und beachten, dass alle Gegenstände die gleiche Wichtigkeit und Bedeutung besitzen.

Es gibt nämlich keine Neben- und Hauptgegenstände, da jeder unterrichtete Gegenstand für die Erreichung des Bildungsziels gleich wichtig ist und manches als Nebengegenstand bewertete Fach erweist sich im späteren Leben als sehr bedeutend.

Sehr oft setzen sich Lehrer auch ihre Ziele zu hoch und sind dann unzufrieden, statt sich erreichbare Ziele zu setzen und dann mit zufriedenen, motivierten Schülern besser arbeiten zu können.

Dazu eine persönliche Geschichte:

Erste Schularbeit als junger Lehrer – stundenlang wird nach bestem Wissen und Gewissen verbessert und bei Rückgabe der Schularbeit werden die Schüler auch noch auf die Fehler und ihre Verbesserungsmöglichkeit hingewiesen. Und dann passiert es, der erste Schüler beschwert sich über die Note und findet Fehler in der Verbesserung, und das in ziemlich aggressivem Ton. Was tun? Ebenfalls so reagieren und selbst laut werden – das Schlechteste, was man machen kann. Jetzt sollte man sich als Lehrer nicht zu wichtig nehmen. Das Beste ist ruhig darauf reagieren, dem Schüler erklären, dass ich die Schularbeit wieder mit nach Hause nehme, um sie nochmals in Ruhe anzuschauen. In der nächsten Stunde ist der erste Ärger schon verflogen, die Schularbeit lässt sich ohne Emotionen durchbesprechen und falls mir wirklich beim Verbessern ein Fehler passiert ist, dann fällt mir kein Stein aus der Krone diesen zuzugeben und dem Schüler sogar eine bessere Note zu geben, denn es ist einfach menschlich Fehler zu machen und das gilt Gott sei Dank auch für Lehrer.

*Du sollst deine Fehler
nicht überbewerten.
Nimm heute nicht alles
so wichtig und ernst:
Lach mal darüber*

12. Du bist einzigartig. Sei heute dankbar dafür, so zu sein, wie du bist. Niemals zuvor hat es einen Menschen wie dich gegeben.

Arthur Lassen

Die Schule der Tiere

Es gab einmal eine Zeit, da hatten die Tiere eine Schule. Der Unterricht bestand aus Rennen, Klettern, Fliegen und Schwimmen, und alle Tiere wurden in allen Fächern unterrichtet.

Die Ente war gut im Schwimmen, besser sogar als der Lehrer. Im Fliegen war sie durchschnittlich, aber im Rennen war sie ein besonders hoffnungsloser Fall. Da sie in diesem Fach so schlechte Noten hatte, musste sie nachsitzen und den Schwimmunterricht ausfallen lassen, um das Rennen zu üben. Das tat sie so lange, bis sie auch im Schwimmen nur noch durchschnittlich war. Durchschnittliche Noten waren aber akzeptabel, darum machte sich niemand Gedanken darum, außer: die Ente.

Der Adler wurde als Problemschüler angesehen und unnachgiebig und streng gemaßregelt, da er, obwohl er in der Kletterklasse alle anderen darin schlug, darauf bestand, seine eigene Methode anzuwenden.

Das Kaninchen war anfänglich im Laufen an der Spitze der Klasse, aber es bekam einen Nervenzusammenbruch und musste von der Schule abgehen wegen des vielen Nachhilfeunterrichts im Schwimmen.

Das Eichhörnchen war Klassenbester im Klettern, aber sein Fluglehrer ließ ihn seine Flugstunden am Boden beginnen, anstatt vom Baumwipfel herunter. Es bekam Muskelkater durch Überanstrengung bei den Startübungen und immer mehr „Dreien" im Klettern und „Fünfen" im Rennen.

Die mit Sinn fürs Praktische begabten Präriehunde gaben ihre Jungen zum Dachs in die Lehre, als die Schulbehörde es ablehnte, Buddeln in den Unterricht aufzunehmen.

Am Ende des Jahres hielt ein anormaler Aal, der gut schwimmen und etwas rennen, klettern und fliegen konnte, als Schulbester die Schlussansprache.

**(Entnommen dem Buch:
„Legasthenie muss kein Schicksal sein"
von E.-M. Soremba; Lehrerin; Herder Verlag 1995)**

Fazit:

Es sollte jedem Lehrer bewusst sein, dass er eine Klasse voll unterschiedlicher Individuen hat, die verschieden behandelt werden wollen. Daher ist von Seiten des Lehrers so weit wie möglich auf diese verschiedenen Charaktere Rücksicht zu nehmen, was sicher nicht leicht zu verwirklichen ist, aber immer und immer wieder versucht werden muss.

Der Lehrer muss auf die verschiedenen Lerntypen (visuell, auditiv, kinästhetisch) Rücksicht nehmen und seine Unterrichtsvorbereitung darauf abstimmen.

Leider erfolgt der Unterricht sehr oft, nach folgender Metapher: „Zu einem Arzt kommen täglich viele Leute mit verschiedenen Krankheiten und was macht der Arzt, er verschreibt jedem gegen seine individuelle Krankheit Aspirin."

Für einen Arzt ist das nicht vorstellbar, Unterricht schaut aber leider noch immer sehr oft so aus – für jeden das Gleiche.

Abhilfe kann hier der Einsatz von Methodenvielfalt wie Projektarbeit, COOL (kooperatives offenes Lernen) usw. bringen.

Dazu eine persönliche Geschichte:

In unserer Schule gibt es einige sehr kreative Lehrer, für die es schwierig ist, sich an vorgegebene Normen zu halten. Doch dadurch, dass sie ihre Freiheiten bekamen, konnten sie ihre Kreativität gemeinsam mit den Schülern umsetzen und großartige Projekte gestalten. Ich denke hier nur an die verschiedenen Musicals, den Schulzug, das Müllprojekt und vieles mehr. All das war nur dadurch möglich, dass ich die individuellen Stärken meiner Mitarbeiter erkannt habe und sie in ihrem Tun nach dem Motto „vor Angst gestorben, ist auch tot!" so gut wie möglich unterstützt habe. So wurden einige Unterrichtsstunden nicht ganz lehrplankonform in die Renovierung des Schulzugs investiert – und das Ergebnis engagierte Schüler, motivierte Lehrer und ein Schmuckstück als Unterrichts- und Veranstaltungsraum vor der Schule.

Noch eine lustige Episode: Vor einem Musical mussten natürlich Requisiten besorgt werden, von einer Baufirma wurde ein Transporter organisiert und dann kam die Nachricht im Radio: „Stau und Umleitung in Klosterneuburg, ein Pritschenwagen steckt in einer Unterführung." Leider sind meine Kreativen im Tunnel steckengeblieben und mussten von der Feuerwehr befreit werden – die Bergungskosten trug selbstverständlich das Schulbudget.

> *Versuche niemals jemandem*
> *zu dem zu machen, was du bist.*
> *Du weißt es und Gott weiß es auch.*
> *Einer von Deiner Sorte ist genug.*
>
> *A. Lassen*

13. Wertschätzung ist die schönste Form der Anerkennung

An den guten Kern im Menschen glauben

Was Benedikt unter Führung (Lehren) versteht, wird in den Anweisungen sichtbar, dass er die Brüder nicht betrüben, niemanden kränken und verletzen, sondern jeden achten soll, selbst den, der mit unvernünftigen Bitten an ihn herantritt. Hier wird das Menschenbild Benedikts sichtbar. In jedem steckt ein guter Kern, auch in dem, der scheinbar ohne Vernunft ist, der sich nur um seine Wünsche dreht. Benedikt verlangt, dass jeder geachtet wird. Führen (Lehren) heißt nicht, dass ich den anderen klein mache und ihn entwerte. Viele missbrauchen ihre Führung. Sie vermitteln den Untergebenen das Gefühl, dass sie von ihrer Gnade leben. Wenn jemand etwas braucht, muss er erst bitten und sich in seiner Bitte klein machen, damit der Chef ihm seine Großzügigkeit erweisen kann. Gerade mit dem Geld (Noten) kann man Menschen tief verletzen. Wenn ich dem, der Geld braucht, vermittle, dass er eigentlich keines verdient hat, dann verletze ich ihn. Benedikt verlangt, dass ich in jedem Menschen Christus sehe, dass ich in jedem einen guten Kern entdecke. Wenn ich an Christus im Bruder und der Schwester glaube, übersehe ich nicht seine Fehler. Aber ich lege ihn nicht darauf fest. Ich sehe durch die Schwächen und Verdunkelungen seines Charakters hindurch auf den guten Kern. Damit aber ermögliche ich es auch dem anderen, das er selbst an seinen guten Kern glaubt. Somit ist der Glaube des Führenden gefragt. Man merkt es dem Führungsstil sofort an, ob der Verantwortliche von Misstrauen und Angst geprägt ist, ob er ein pessimistisches Menschenbild hat oder ob er an den guten Kern im anderen glaubt. Ein pessimistisches Menschenbild wird dazu führen, dass der Chef alle Mitarbeiter kontrollieren möchte. Aber je mehr er kontrollieren will, desto mehr Gegenkräfte weckt er in seinen Mitarbeitern. Und irgendwann wird der

Betrieb außer Kontrolle geraten. Denn es ist ein Grundsatz der Psychologie, dass dem, der alles kontrollieren möchte, sein Leben todsicher außer Kontrolle geraten wird. Wenn die Kontrolle zum wichtigsten Instrument in einem Unternehmen wird, dann werden Kreativität und Fantasie unterdrückt, sterben Lust und Freude an der Arbeit aus und das Unternehmen wird über kurz oder lang ins Hintertreffen gelangen. (12)

Fazit:

Wertschätzung das Zauberwort der Lehrer-Schüler-Beziehung. Ein wertschätzender Umgang mit dem Schüler ist für ein gutes Unterrichtsklima sehr wichtig. Es ist in Ordnung, wenn der Schüler aufgrund seiner Leistungen sachlich vom Lehrer kritisiert wird, diese Kritik darf aber auf keinen Fall auf die persönliche Ebene abgleiten. Aussagen wie „wie dumm bist du eigentlich", „das wirst du sowieso nie begreifen" und ähnliches haben im Unterricht nichts verloren. Sehr hilfreich ist es, wenn trotz schlechter Leistungen mit dem Schüler wertschätzend umgegangen wird, gemeinsam mit Schüler, Eltern und Lehrer ein Lernplan entwickelt wird und es für den Schüler immer einen Silberstreif am Horizont gibt, den er durch fleißige Arbeit erreichen kann. Das Schlimmste ist, wenn ein Schüler vorzeitig abgestempelt und abgeschrieben wird, ohne ihm das Gefühl zu geben, dass er doch noch eine Chance hat.

Der Lehrer sollte nie vergessen, dass der Schüler nicht nur seinen Gegenstand hat und vielleicht auf anderen Gebieten musikalisch, sportlich oder menschlich sehr viel leistet.

Denn so soll es nicht sein:

Lehrer Sauer brüllt durch die Klasse und schlägt knallend mit der Hand auf den Tisch. „Jetzt aber Ruhe, los, Hermann, komm mal an die Tafel. Jetzt schreibst du mir fein säuberlich hier rechts neben die Jahreszahlen, die Ereignisse der Reformationszeit hin. Aber ein bisschen dalli, jetzt geht's nämlich um die Zeugnisnote!" Lehrer Sauer lässt den Schüler an sich vorbeigehen, folgt ihm dann zur Tafel. plötzlich dreht er sich zur Klasse um und brüllt: „Wer blättert denn da? – Ach, der Theo! Sieh mal einer an. Was hast du denn da?" Theo legt etwas betreten das Französischbuch zur Seite – sieht scheu zum Lehrer, weiß nicht so recht, woran er ist. Da dröhnt es auf ihn ein: „Steh auf, wenn ich mit dir rede, du Idiot. Was ist denn das?" Er nimmt das Buch hoch. „Wir haben doch Geschichte und kein Französisch!" Sauer knallt das Buch wieder auf den Tisch, es fällt herunter, verlegen lächelt Theo. „Grins nicht so blöd!" Sauer wendet sich von Theo ab, geht wieder zur Tafel – und schon wieder fährt er herum: „Wer kichert denn da, sieh an, unsere liebe Gaby. Los Klassensprecher, aufschreiben: Gaby stört den Unterricht." Er schaut sie wütend an: „Dein Verweis ist auch bald fällig, meine Dame!" Die Klasse wird unruhig. Sauer scheint die Fassung zu verlieren. Er beginnt zu schreien: „Ihr denkt wohl, ich lass den Affen aus mir machen? Was glaubt ihr denn, wofür ich da bin?" Er deutet auf die Tafel. „Hier, das muss in eure Köpfe rein, nicht in meinen." Hermann druckst noch immer an der Tafel herum. „Aha, du bist wohl am Ende, wollen mal sehen, was der Hermann fertiggebracht hat. Sieh da, 1525 – Luther, ausgerechnet! Ist wohl alles, was du weißt, was? Nie was von der Schlacht von Pavia gehört? Karl V.? Und hier? – Fehlanzeige!" Sauer hackt die Jahreszahlen ab, zu denen Hermann nichts geschrieben hat. „Fehlanzeige! Fehlanzeige! Fehlanzeige!" Er kommt zur letzten Zahl: 1546. „Schmalkaldischer Krieg – wohl das Einzige, was du weißt? Das kennt doch jeder. Setzen! Sechs! – Also ihr Kanacken, wenn ihr nicht mehr fertigbringt..." Da klingelt es zum Ende der Stunde. Unruhe entsteht, die Schüler stehen auf. Sauer brüllt noch einmal in die Klasse: „Also, für die nächste Stunde Kapitel sieben!"

Er packt seine Mappe und verschwindet. Die Schüler strömen ihm nach aus der Klasse (Nach einem typischen Unterrichtsablauf 1973 in einem Münchner Gymnasium aus Frederik Vester: Denken, Lernen, Vergessen S 126f.)

Dazu eine persönliche Geschichte:

An unserer Schule gab es leider auch Lehrer, die einen wertschätzenden Umgang mit Schülern und hier vor allem den Schülerinnen völlig vermissen ließen. Aussagen wie „Mädchen sind dafür leider völlig unbegabt und lernen das sowieso nie" waren an der Tagesordnung. Es gab viele Beschwerden und daher auch viele Gespräche in der Direktion, die aber meist nur kurzfristig für Besserung sorgten – denn einen bereits sehr dienstalten Lehrer kann man trotz größten Bemühens leider nicht mehr ändern.

Hier tritt eine der großen Schwachstellen des Bildungswesens zutage. Es ist derzeit leider absolut unmöglich, und man erhält auch von der Bildungsdirektion keine Unterstützung, um sich von so einem Lehrer trennen zu können, weil aus Sicht des Ministeriums stellt er ja nicht wirklich etwas an, er kann halt nur nicht erklären, kümmert sich nicht um seine Schüler, macht viele Schüler unglücklich und führt bei ihnen zu schlaflosen Nächten.

Auch werden schlechte Argumente nicht besser, wenn man sie lautstark vorbringt. Es gibt eigentlich nichts Lächerlicheres als vor der Klasse stehende, brüllende Lehrer.

Übrigens sogar bei 30-jährigen Maturatreffen sind diese Lehrer noch immer in schlechtester Erinnerung bei den ehemaligen Schülerinnen und führen erstaunlicherweise noch immer zu schlechten Träumen.

Völlig egal, wie gut erzogen,
reich, talentiert oder cool
du zu sein glaubst.
Wie du andere Menschen
behandelst sagt letztendlich
alles über Dich aus.

14. Benotung fair und gerecht

Nicht genügend

Eine sechzehnjährige Schülerin teilt ihrem Vater mit, sie hätte ein „sehr gutes Nicht genügend" auf die Englischschularbeit bekommen. Der Vater ist entsetzt und tobt mit dem Satz: „Zwei sehr gute Nicht genügend im Zeugnis bedeuten Wiederholung der Schulklasse!" Das Mädchen vertraut sich ihrem Therapeuten mit dieser Geschichte an und es wird erarbeitet, dass der Lehrer ein guter Pädagoge sei. Er habe selbstverständlich nicht gesagt, sie hätte ein „sehr gutes Nicht genügend", sondern verschmitzt habe er angedeutet, es wäre ein besseres. Statt 24 Fehlern nur mehr zwölf. Der Lehrer gab zwar das Kalkül „Nicht genügend", hatte aber auch erkannt, dass sich das Mädchen um den Stoff eifrig bemüht hat. Von da an ging es durch die ermutigende Grundhaltung der Lehrkraft positiv aufwärts und das Schuljahr musste nicht wiederholt werden. (13)

Fazit:

Noten haben in unseren Schulen noch immer eine sehr große Bedeutung, das beginnt leider schon in der Volksschule, wo Druck von Seiten der Eltern, ausgeübt wird, um die entsprechenden Noten für die Gymnasialreife zu erhalten.

Noten sollen doch nur den Schüler über seinen Leistungsstand informieren und ihn über seine derzeitige Leistungsstärke aufklären. Die Noten sollen verständlich, nachvollziehbar, fair und gerecht vergeben werden. Optimal ist es, wenn die Schüler ihre Schularbeit vergleichen und alle auf das gleiche Ergebnis wie der Lehrer kommen.

Noten sollen transparent sein und die Schüler haben das Recht jederzeit über ihren Notenstand informiert zu werden. Ich verstehe die Geheimniskrämerei mancher Lehrer nicht, es ist doch wesentlich einfacher und zeitsparender den Schüler ihren Notenstand, auch mehrmals, bekannt zu geben, als sinnlos mit ihnen zu diskutieren, warum ich ihnen die Noten nicht sagen kann – das verstehe, wer will.

Leider werden Noten sehr oft als Druckmittel von Seiten der Lehrer verwendet und dienen dazu Macht auszuüben, da sie schlussendlich über den Aufstieg in die nächste Klasse entscheiden. Doch Unterricht über Notenzwang ist völlig fehl am Platz. Notendruck führt zu Angst bei den Schülern und wie wir alle wissen: „Angst macht dumm." Daher sollte man versuchen, Prüfungen in so angenehmer Atmosphäre wie möglich durchzuführen.

Um den Aufstieg in die nächste Klasse zu ermöglichen, soll der Lehrer schlechten Schülern viele Chancen geben, sich die Note doch noch zu verbessern und wie in der obigen Geschichte durch positive Motivation verstärken.

Dazu eine persönliche Geschichte:

Bei meiner Notengebung habe ich immer versucht, vor allem schlechten Schülern mehrere Chancen zu geben, doch noch eine positive Jahresnote zu erhalten. Mit meiner Unterstützung und persönlichen Lernplänen gelang es oft, dieses Ziel zu erreichen.

Da ich es wesentlich sinnvoller finde, wenn der Schüler noch zum Schulschluss das Unterrichtsziel erreicht und die Leistung erbringt, die auch zu einer positiven Wiederholungsprüfung führen würde und damit entspannte Ferien hat und sich auch einer Ferialarbeit widmen kann.

Was bestätige ich als Lehrer, wenn ich eine Jahresnote „Genügend" vergebe? Ich bestätige damit, dass der Schüler einen Leistungsstand besitzt, dass er ganz egal bei welchem Lehrer mit durchschnittli-

chem Lernaufwand dem Unterricht folgen kann und das Jahresziel erreichen wird.

Ich finde auch unsere fünfstellige Notenskala reformbedürftig. Die meisten Schüler wissen im nächsten Jahr nicht mehr, ob sie in diesem Gegenstand ein „Gut", oder ein „Befriedigend" hatten, aber sie nutzten ihre Chance auf die Wunschprüfung, um sich doch noch zu verbessern – womit viel wertvolle Unterrichtszeit verloren geht.

Meiner Meinung würde eine dreiteilige Notenskala „**Ausgezeichnet**" – „**Bestanden**" – „**Nicht bestanden**" völlig genügen und würde viele unnötige mündliche Prüfungen ersparen.

Wenn etwas schiefgegangen ist, nützt Lachen mehr als missmutiger Tadel und verbissene Selbstkritik.

II Schulleitung

*Führen aber heißt,
versuchen allen gerecht zu werden,
allen Freude am Miteinander
und an der Arbeit zu vermitteln,
allen das Gefühl zu geben,
dass sie wertvoll sind und gebraucht werden.*

Nach 18 erfolgreichen, verantwortungsvollen, lustigen Jahren als Lehrer, Vortragender und Seminarleiter bei vielen Fortbildungsveranstaltungen wird man Direktor – und über Nacht mutiert man zur eierlegenden Wollmilchsau.

Plötzlich geht es nicht nur um die Schüler und den zu unterrichtenden Stoff so gut wie möglich vermitteln zu können, sondern eine Fülle von bisher unbekannten Aufgaben liegt vor einem.

Als Direktor soll man sich logischerweise um seine Schüler und Lehrer kümmern, ständig seine Personalentwicklung im Kopf haben und am nicht sehr üppig gefüllten Lehrermarkt passendes Personal rekrutieren.

Natürlich ist man auch als Mediator zwischen Lehrern und Schülern gefragt und soll immer ein offenes Ohr für deren Probleme haben.

Dann gibt es auch noch das Nichtlehrerpersonal wie Sekretärinnen, Schulwarte oder Reinigungsfrauen, die von wesentlicher Bedeutung für die Schule sind, mit denen man als Lehrer aber kaum Berührungspunkte hat.

Selbstverständlich ist man innerhalb kürzester Zeit ein perfekter Jurist, um die Gesetze, Erlässe, Verordnungen und Rundschreiben vom Ministerium auch richtig umsetzen zu können.

Eine Ausbildung als Installateur und Elektriker ist ebenfalls von Vorteil, um bei den verschiedensten baulichen Gebrechen im Haus richtig zu reagieren.

Die Ausstattung der Schule ist besonders wichtig und im digitalen Zeitalter hat man auch ein IT-Experte zu sein, der rechtzeitig für die nötige technische Ausrüstung sorgt.

Im Bauwesen sollte man ebenfalls bewandert sein, um richtig mit der Bundesimmobiliengesellschaft (BIG) bei Baumängeln verhandeln zu können und die Aussage „das ist Mieterwunsch" wird einem sehr bald bekannt und bedeutet, das zahlt das Schulbudget.

Auch als Finanzchef ist man plötzlich gefragt und muss versuchen finanziell gut über die Runden zu kommen, auch wenn die tatsächlichen finanziellen Zuweisungen erst während der großen Ferien vom Ministerium mitgeteilt werden. Aber als Direktor ist man erstens sowieso immer im Dienst und zweitens ein Improvisationstalent, dem es gelingt, ständig finanzielle Lücken auf- und zuzumachen.

Dazwischen kommen Gespräche mit unzufriedenen Eltern, deren Schützlinge schulische Probleme haben.

Hilfreich ist die Unterstützung vor allem durch die Bildungsdirektion, wobei man sich als Direktor diese wichtigen Beziehungen erst schaffen muss. Die gewohnt gute Zusammenarbeit mit den Mitarbeitern wird aber durch das neue Bildungsreformgesetz mit seiner hierarchischen Struktur verhindert und erschwert das Leben der Direktoren erheblich.

Vor allem die oberste Dienstbehörde (Ministerium) ist an persönlicher Kommunikation und guten Beziehungen mit den Direktoren leider nicht mehr interessiert.

Da das Fortbestehen einer Schule von der Schülerzahl abhängt und der Ruf, den die Schule in der Bildungslandschaft genießt, von eminenter Bedeutung ist, ist man auch als Marketinggenie gefragt. Die gute Zusammenarbeit mit den Vorschulen, den Schulen in der Region und den Schulen aus dem gleichen Schultyp ist von großer Wichtigkeit.

Auch als Netzwerker mit Politik, Gemeinde, Elternverein und der vorgesetzten Dienstbehörde sollte man erfolgreich sein.

Und in speziellen Situationen wie während der Coronakrise ist der Direktor selbstverständlich rund um die Uhr erreichbar.

Unverständlich scheint dann die Anweisung des Bildungsministeriums, dass der Direktor von früh bis spät in der Schule anwesend zu sein hat. Was macht er dort? Auf die Tische und Sessel aufpassen, wenn sonst niemand in der Schule ist, oder um rechtzeitig die sich ständig widersprechenden und völlig chaotischen Anweisungen des Ministeriums zu erhalten? Aber diese Anweisungen kommen leider von Personen, die nie wirklich mit der Schulrealität konfrontiert waren.

Wenn man sich die Vielzahl der Aufgaben ansieht, merkt man, dass die Spitzenbeamten am Minoritenplatz wenig Ahnung von der verantwortungsvollen Aufgabe eines Direktors haben, da sie die Schule ja meist selbst nur bis zu ihrer eigenen Matura von innen gesehen haben, sonst würden sie nicht Schnapsideen wie Clusterdirektoren entwickeln und tatsächlich auch umsetzen. Auch die grandiose Idee der Bildungsregionen und die Auflösung der Landesschulinspektoren hat sich schon während der Coronakrise als völlig verfehlt erwiesen.

Wenn man die Bezahlung für diese verantwortungsvollen Aufgaben ansieht, dann ist die Direktorenzulage leider weit von Managementbezügen enfernt. Aber das Ministerium rechnet mit dem kostenlosen Engagement der Direktoren, weil schlussendlich geht es immer um „ihre Schule" und „ihre Schüler" und diese positive Einstellung der Direktoren und der Lehrer wird vom Ministerium und der Politik bedenkenlos ausgenützt.

Trotzdem ist Schuldirektor zu sein eine der tollsten, verantwortungsvollsten, kreativsten, menschlichsten und auch lustigsten Aufgaben, die es gibt.

Um diese verantwortungsvolle Aufgabe erfüllen zu können, gibt es einige wichtige Grundsätze, die die Umsetzung erleichtern.

15. Die Menschen wünschen nicht, dass man zu ihnen redet. Sie wünschen, dass man mit ihnen redet.

Emil Oesch

Ein gutes Wort

Sind Achtsamkeit und Sorgfalt die wichtigsten Tugenden im Umgang mit den Dingen, so verlangt Benedikt für den Umgang mit den Menschen vor allem Demut. Die Demut meint kein Sich-klein-Machen oder ein Sich-Anbiedern, sondern als „humilitas" ist sie der Mut, sich der eigenen Menschlichkeit und Erdhaftigkeit zu stellen. Wer andere führt, soll immer wissen, dass er auch nur ein Mensch ist, dass er von der Erde genommen ist und dass er ganz irdische Bedürfnisse hat. Wer um seine eigenen Abgründe weiß, der wird sich nie über andere stellen. Er wird sie nicht verurteilen, ja er wird ihr Verhalten überhaupt nicht werten. Er versucht, mit den anderen umzugehen wie mit sich selbst. Die goldene Regel („Alles, was ihr von anderen erwartet, das tut auch ihnen!" – Mt 7,12) wird zum Maßstab seines Handelns. Er wird den anderen so behandeln, wie er es auch von ihm erwartet. Die goldene Regel gilt in allen Religionen als Maxime des menschlichen Handelns. Sie ist in der heutigen Diskussion um eine angemessene Wirtschaftsethik zur allgemein anerkannten Grundlage wirtschaftlichen Handelns geworden.

Die Demut als der Mut, sich seiner eigenen Menschlichkeit zu stellen, führt zu Ehrfurcht und Freundlichkeit den Menschen gegenüber. Benedikt führt weiter aus, was er schon in Vers 7 angedeutet hat. Der Cellerar kann nicht alle Wünsche erfüllen, die die Brüder an ihn richten. Denn die Mittel, die ihm zur Verfügung stehen, sind begrenzt. Aber unbegrenzt ist das gute Wort (sermo responsionis bonus), das er jedem sagen kann. In einer Mönchsgeschichte wird erzählt, wie ein junger Mönch einen heidnischen Priester beschimpft. Der schlägt ihn deshalb tot. Als ein weiser und alter Mönch den Priester trifft, spricht er ihn freundlich an. Der ist darob so verwundert, dass er ihm folgt und Mönch wird. Die Geschichte schließt mit dem schönen Wort: „Ein böses Wort macht auch die Guten böse, ein gutes Wort macht auch die Bösen gut." Das Wort kann einen Menschen verwandeln. Worte, die kränken, machen einen Menschen krank. Worte, die erniedrigen, bewirken im Menschen das Gefühl von Wertlosigkeit. Worte können lähmen oder befreien, sie können beugen oder aufrichten, sie können entmutigen oder ermutigen, verletzen oder heilen, töten oder lebendig machen. Der Cellerar soll daher sehr sorgfältig auf seine Worte achten. Er soll nicht aus einem Ärger oder einer Enttäuschung heraus antworten, sondern immer mit einem guten Wort, mit einem Wort, das wirklich Antwort ist, das sich ganz auf den einlässt, der ihn angesprochen hat. Manche Chefs hören gar nicht richtig zu. Sie gehen nicht auf die Probleme des Mitarbeiters ein, sondern nehmen sie nur zum Anlass, über sich und die eigenen Probleme zu reden. Das ist dann kein Wort, das aufbaut, sondern eher niederdrückt. Benedikt erwartet vom Vorgesetzten, dass er mit seinem guten Wort das Gute in Menschen hervorlockt. (14)

Fazit:

Kommunikation, mit den Leuten reden, ist eine der wichtigsten Funktionen, die man als Direktor ausüben muss. Ganz wichtig ist, dass man als Direktor nicht um den heißen Brei herumredet, man ist schließlich kein Politiker, sondern in Gesprächen mit Schülern, Lehrern und Eltern die Dinge direkt anspricht. Tut man das nicht, ist leider in der Schule und vor allem im Konferenzzimmer Tür und Tor für Mauscheleien geöffnet und die sind Gift für das Schulklima. Der Direktor hat daher durch klare Worte Gerüchte zu verhindern.

Die Direktion muss auch versuchen, Informationen für alle Kollegen zur Verfügung zu stellen und damit verhindern, dass Geheimzirkel geschaffen werden, die meist von den restlichen Kollegen sehr kritisch hinterfragt werden. „Was haben die Gescheiten wieder ausgemacht und wir müssen das wieder ausbaden", sind Worte, die man in Konferenzzimmern, in denen keine offene Kommunikation und Information herrscht, sehr oft hört.

Ein großes Fehlerpotential entsteht dann, wenn der Direktor zwischen Tür und Angel schnell entscheidet und sich seinen Entscheidungen gar nicht wirklich bewusst ist. Das kann zu viel Unmut unter Lehrern und Schülern sorgen. Denn bei so schnell getroffenen Entscheidungen fehlt meist die Zeit sich die Argumente wirklich anzuhören, um auf deren Basis eine sichere Entscheidung zu treffen.

In meiner Zeit als Direktor bin ich mit einer immer offenen Tür, d. h. problemlose Erreichbarkeit für Schüler, Lehrer, Personal und Eltern, ohne langwierige Terminvereinbarungen sehr gut gefahren, wobei es natürlich jedem klar war, dass er entweder warten musste oder, wenn gerade wichtige Besprechungen waren, zu einem anderen Zeitpunkt wieder kommen musste.

Dazu eine persönliche Geschichte:

Immer wieder passiert es in einer Schulklasse, dass aus welchen Gründen auch immer am selben Tag eine Vielzahl von Schülern fehlt. Was macht man dann meistens? Man beschwert sich bei den wenigen anwesenden Schülern darüber und lässt auch seine schlechte Laune an diesen eigentlich nicht betroffenen Schülern aus. Die einzige Möglichkeit ist, mit diesen Schülern ganz normal umzugehen und am besten Stoff zu wiederholen, aber bei allen Schülern die nicht in der Schule waren, sofort die Eltern telefonisch von der Abwesenheit ihrer Kinder zu informieren und als Klassenvorstand mit jedem der fehlenden Schüler ein persönliches Vieraugengespräch zu führen.

Es ist als Direktor auch sehr unvorteilhaft, sich bei Entscheidungen hinter der vorgesetzten Dienstbehörde zu verstecken, die dies oder jenes angeordnet hat, ohne dazu zustehen, dass einem selbst diese Dinge wichtig und eigentlich Wunsch der Direktion und nicht der vorgesetzten Dienstbehörde sind. Es ist wesentlich einfacher solch gewünschte Dinge umzusetzen, wenn man als Direktor klar und deutlich zu erkennen gibt, dass mir diese Dinge einfach wichtig sind und ich als Direktor dahinterstehe, und sie erklären kann.

In meiner Zeit als Schulleiter war es mir immer sehr wichtig, in der ersten Schulwoche persönlich in jede Klasse zu kommen. Einerseits, um die Schüler zu begrüßen, andererseits dabei auch gleich die wichtigsten Verhaltensregeln, die in unserer Schule herrschten, mit ihnen zu besprechen und dies nicht durch die Klassenvorstände erledigen zu lassen. Dadurch konnte ich bei den Schülern eine gewisse Verbindlichkeit erreichen und bei Verstößen gegen unsere Schulregeln konnte ich den Schülern immer sagen: „Kannst du dich erinnern, ich war da in deiner Klasse und habe das mit euch besprochen", und die Schüler fielen um die Ausrede „das hat uns unser Klassenvorstand nicht gesagt" um.

Eine wichtige Regel:
Ich denke von Dir,
wie ich wünsche,
dass du über mich denkst.

Ich spreche von Dir,
wie ich möchte,
dass du über mich sprichst.

Ich handle Dir gegenüber so,
wie ich wünsche,
dass du es mir gegenüber tust.

16. Das Gefühl kann viel feinfühliger sein als der Verstand scharfsinnig.

Viktor E. Frankl

Mit dem Herzen denken

Zweimal fordert Benedikt in diesem kurzen Abschnitt vom Abt Klugheit. Das lateinische Wort „prudentia" kommt von „providentia = Vorsehen, Voraussehen". Der Kluge sieht über das hinaus, was ihm in die Augen fällt. Er hat einen weiten Horizont. Er ist mit seinen Augen nicht auf die Fehler fixiert, sondern sieht sie in einem größeren Zusammenhang. Er schaut sich die Wirklichkeit von allen Seiten an und entscheidet dann in aller Ruhe, was er für richtig hält. Er agiert nicht hektisch, sondern aus einer bedächtigen Ruhe heraus. Er lässt sich Zeit, die Argumente dessen zu hören, den er korrigiert. Er urteilt nicht sofort, sondern sieht sich die Sache erst einmal an, ohne zu werten. Das deutsche Wort „klug" heißt eigentlich: „fein, zart, zierlich, gebildet, geistig gewandt, mutig, beherzt". Der Kluge hat einen feinen Sinn. Dem feinen Sinn entgeht nichts. Der Grobe erkennt nur die Oberfläche, der Feine sieht den Hintergrund, das Klima, in dem der Fehler entstehen kann. Und der Kluge denkt mit dem Herzen. Daher ist die Klugheit immer mit Liebe verbunden. Der kleine Prinz bei Saint-Exupéry weiß, dass man nur mit dem Herzen gut sehen kann. Das deutsche Wort lieben kommt von der Wurzel „liob = gut". Und es hängt zusammen mit glauben = gut sehen und loben = gut nennen. Um einen Menschen lieben, um gut mit ihm umgehen zu können, muss ich das Gute in ihm sehen, an das Gute in ihm glauben, und ich muss das Gute auch ins Wort bringen. Indem ich einen Menschen lobe, wecke ich in ihm das Gute. Wenn ich nur auf das Negative fixiert bin, dann bin ich wie einer, der ständig den Rost wegkratzen will und gar nicht merkt, dass das Gefäß nur noch eine ganz dünne Wand hat, die jeden Augenblick zu zerbrechen droht. (15)

Fazit:

Je länger ich Lehrer und Direktor war, umso mehr wurde mir bewusst, dass ich mich auf mein Bauchgefühl viel besser verlassen konnte als auf rein rationale Kopfentscheidungen, was ein wenig schräg klingt, aber aus der Erfahrung heraus verständlich ist.

Als Direktor hat man vor allem eine kommunikative Funktion und daher ist es sehr wichtig, dass man zuhören kann – und zwar intensiv zuhören, ohne sich daneben mit etwas anderem zu beschäftigen – ganz egal wie groß einem das Problem selbst vorkommt, für den der es vorbringt ist es sicher groß genug, sonst würde er nicht mit mir darüber reden wollen. Bei diesen Gesprächen soll man das Gefühl vermitteln, dass dieses Problem auch für mich als Direktor wichtig ist und die Personen, die es vorbringen, ernst nehmen.

Ein offenes Ohr für die Probleme des Schulteams hilft Probleme schon zu Beginn lösen zu können und verhindert, dass ein Problem zu einer wirklich unlösbaren Schwierigkeit wird.

Ein großer Fehler besteht darin, dass man als Direktor oft glaubt Multitasking Fähigkeiten zu besitzen, was ein großes Fehlerpotential mit sich bringt. Wesentlich vernünftiger ist es bei Gesprächen ganz Ohr zu sein und die Probleme und Aufgaben step by step zu lösen – eines nach dem anderen – nach dem Prinzip „das Wichtigste zuerst". Besonders hilfreich ist es Probleme, die einem im Magen liegen, so schnell wie möglich zu lösen, denn sie verschwinden nicht von selbst, sondern sorgen nur den ganzen Tag für schlechte Stimmung, denn der Berg wird durch nichts tun, nicht kleiner, sondern er wächst in uns von Stunde zu Stunde und wird irgendwann unüberwindbar.

Ein entscheidender Faktor als Direktor ist, dass man sich bewusst ist, dass man nicht alles ändern und beeinflussen kann und hier hilft das Gefühl sehr dazu, zu wissen, was man nicht sehen will – denn Verbote, die man nicht erfolgreich kontrollieren kann, sind völlig sinnlos.

Dazu eine persönliche Geschichte:

Unsere Schule grenzt an einen Park und Rauchverbot galt auch in unserer Schule, wobei interessanterweise, die Zahl der rauchenden Schüler von Jahr zu Jahr abnahm und ich fest davon überzeugt bin, dass während ihrer Zeit in unserer Schule mehr Schüler zu rauchen aufhörten, als damit begannen.

Nur das Rauchverbot war schwierig zu überwachen und zu kontrollieren, da so ein großes Haus viele Aus- und Eingänge hat und die Schüler während der Pausen immer im angrenzenden Park verschwanden, um zu rauchen.

Bei vielen Konferenzen wurde über die Kontrolle des Rauchverbotes diskutiert und nie eine Lösung gefunden, denn die Lehrer bei jedem Ausgang als Kontrolleure aufzustellen hätte außer viel Aufwand nur zu Konflikten zwischen Lehrer und Schüler geführt. Die Lösung war folgende: Es wurde geflissentlich übersehen, dass die Schüler im Park rauchten und einmal monatlich wurden die Raucher dazu eingeteilt, den Park zu reinigen und von Zigarettenstummeln zu säubern.

Gesunder Menschenverstand
ist das Talent,
die Dinge zu sehen, wie sie sind
und Dinge zu tun,
wie sie getan werden sollen.

17. Nimm die Menschen, wie sie sind. Andere gibt es nicht.

Konrad Adenauer

Sprung in der Schüssel

Es war einmal eine alte Frau, die zwei große Schüsseln an einer Stange befestigt hatte. Diese Stange trug sie auf der Schulter, um auf diese Weise mit beiden Schüsseln Wasser holen zu können. Eine der beiden Schüsseln hatte einen Sprung. Immer wenn die Frau vom Fluss Wasser holte, kam sie nur mit anderthalb Schüsseln zurück.

Das war der einen Schüssel irgendwann unangenehm. Daraufhin sprach sie zu der alten Frau: „Ich schäme mich dafür, dass ich diesen Sprung habe und deswegen das Wasser auf dem Weg zum Haus herausläuft."

Die alte Frau lächelte: „Ist dir aufgefallen, dass auf deiner Seite des Weges Blumen blühen und auf der anderen Seite nicht? Mir war dein Makel durchaus bewusst, deshalb habe ich Blumensamen auf deiner Seite gesät. Du hast sie jeden Tag gegossen, wenn wir nach Hause gelaufen sind. Mit diesen Blumen konnte ich den Tisch schmücken. Wenn du nicht genauso wärst, wie du bist, würde diese Schönheit nicht existieren und in unserem Hause sein. Jeder von uns hat seine ganz eigenen Defizite und Fehler, aber gerade die sind es, die unser Leben so interessant und lohnenswert machen. Man sollte einfach jeden so nehmen, wie er ist, und das Gute in ihm sehen. (16)

Fazit:

Als Schuldirektor hat man Kontakt mit sehr vielen Personen, mit denen man so gut wie möglich auskommen soll.

Eine besondere Schwierigkeit ergibt sich dadurch, dass man Menschen nicht wirklich ändern kann und je älter sie sind, umso schwieriger wird es – oft genügt es aber, wenn es wenigstens gelingt, die Spitzen bei besonders verhaltensoriginellen Kollegen herauszunehmen und damit für Ruhe und weniger Probleme zu sorgen.

Ein sehr wichtiger Punkt ist auch der Umgang mit den vorgesetzten Dienstbehörden, da gute Kontakte hier unbedingt erforderlich sind.

Nicht ganz einfach gestaltet sich oft die Beziehung mit der BIG (Bundesimmobiliengesellschaft), die für die Gebäudeverwaltung zuständig ist, da hier gegenseitige Interessen aufeinanderprallen. Einerseits der Direktor, der sich ein schönes, funktionsfähiges Gebäude wünscht, andererseits die auf Gewinn und Sparsamkeit ausgerichtete BIG. Dies führt manchmal zu endlosen Diskussionen und wenn die BIG der Meinung ist, dass es ein Nutzerwunsch ist, so ist er leider durch das Schulbudget zu finanzieren.

Es wäre meiner Meinung nach sicher sinnvoller, wenn die BIG offensiv die Gestaltung der Gebäude verbessern würde und nicht erst immer dann tätig wird, wenn Schäden entstanden sind oder für die Schüler Gefahr in Verzug ist.

Gute Kontakte mit den örtlichen Firmen wie Baumeister, Elektriker, Installateure oder dem Schulbuchhändler sind ebenfalls von großer Bedeutung.

Die Vernetzung in der Gemeinde und gute Kontakte mit den jeweiligen Politikern vor Ort, vor allem dem Bürgermeister, sind für das gute Gedeihen einer Schule unerlässlich.

Noch wichtiger finde ich, dass Parteipolitik absolut aus der Schule herauszuhalten ist und es völlig egal sein muss, welcher Partei ein Kollege angehört. Entscheidend muss immer sein, dass er ein guter, verständnisvoller, empathischer Lehrer ist, alles andere hat keine Bedeutung.

Auch die Zusammenarbeit mit den Elternvertretern, den Schülervertretern und der Personalvertretung zum Wohle der Schule ist sehr wichtig. Die Personalvertretung und der Direktor sollen an einem Strang ziehen und gemeinsam versuchen, das Beste für ihre Schule zu erreichen, denn es ist schrecklich, wenn sich die Personalvertretung als „Gegendirektor" versteht, die alles und jedes infrage stellt und kritisiert.

Dazu eine persönliche Geschichte:

Als berufsbildende Schule hatten wir bei unseren fachpraktischen Prüfungen die Möglichkeit eine Reihe von Gästen einzuladen. Diese Einladungen zu unseren kulinarischen Highlights wurden sehr gerne angenommen und führte zu vielen sehr guten persönlichen Kontakten. Es war für mich immer eine große Freude, im Mai eine Reihe von Stammgästen im Haus begrüßen zu dürfen, die sich in entspannter Atmosphäre immer sehr wohlfühlten und sehr gerne wiederkamen.

Diese Wertschätzung half sehr den guten Ruf unserer Schule in der Region zu verbreiten.

Auch die Zusammenarbeit mit der Schulgemeinschaft funktionierte über 20 Jahre klaglos, indem ich immer schon im Vorfeld die wichtigsten Themen mit dem Elternvereinsobmann, dem Schulsprecher und den Lehrervertretern besprochen hatte. So gab es dann im SGA (Schulgemeinschaftsausschuss) meist einstimmige Entscheidungen zum Wohle der Schule.

Besonders schwierig gestaltete sich immer der Umgang mit Kollegen, die als Lehrer nicht tragbar waren, weil sie nicht für Disziplin sorgen konnten, nicht verständlich erklären konnten oder einfach ihre Arbeit nicht ordentlich verrichteten. Dies hatte viele Gespräche, Unterrichtsbesuche, gemeinsam erarbeitete Stundenbilder u. v. m. zur Folge – manches Mal führte aber alles zu keinem Erfolg.

Es gibt jetzt die Möglichkeit sich von Lehrern in den ersten Dienstjahren zu trennen, und mein Credo war, im ersten Jahr hat jeder die Chance Fehler zu machen, im zweiten Jahr muss er aber beweisen, dass er sich verbessert hat und aus seinen Fehlern gelernt hat. Ist das nicht der Fall, müssen wir uns leider trennen.

Aber es geht nicht darum, dass er meine Schule verlässt und irgendwo anders unterkommt, denn ein schlechter Lehrer wird in einer anderen

Schule nicht besser, dadurch schafft man nur Wanderpokale, die in vielen Schulen Schüler, Eltern und Direktionen unglücklich machen.

Daher war es mir immer ein Anliegen mit vielen Gesprächen die Kollegen davon zu überzeugen, dass sie zwar als Mensch wertvoll sind und viele positive Eigenschaften haben, aber Lehrer einfach kein Beruf für sie ist und es auch wenig Sinn macht, wenn sie versuchen in diesem Beruf zu bleiben, weil sie selbst ja mit ihrer Arbeit nicht zufrieden sind und sich damit unglücklich machen. Diese Gespräche sind natürlich sehr sensibel und mit viel Gefühl und Verständnis zu führen, da man dem Kollegen immer Wertschätzung gegenüber seiner Person entgegenbringen muss, auch wenn seine Leistung als Lehrer nicht tragbar ist. Und in einigen Fällen, ist mir wirklich gelungen, die Kollegen davon zu überzeugen, einen anderen Lebensweg einzuschlagen.

> *Selig ist der Mensch,*
> *der den Nächsten*
> *in seiner Unzulänglichkeit*
> *genauso erträgt,*
> *wie er ertragen werden möchte.*
>
> *Franz v. Assisi*

18. Die Visitenkarte und das Herz der Schule.

(Personal, Sekretariat)

Dumm gelaufen

Eine große Firma stellt einige Kannibalen ein. „Ihr seid jetzt Teil unseres Teams", sagte der Personalchef bei der Begrüßung. „Ihr bekommt alle üblichen Leistungen und könnt zum Essen in die Kantine gehen, aber bitte verschont unsere Mitarbeiter." Die Kannibalen nicken.

Wenige Wochen später lässt der Personalchef sie zu sich kommen. „Ihr arbeitet wirklich gut und wir sind sehr zufrieden mit euch. Nur – eine unserer Sekretärinnen fehlt plötzlich. Wisst ihr etwas darüber?" Die Kannibalen schütteln die Köpfe.

Als sie wieder auf dem Weg zu ihrem Arbeitsplatz sind, fragt der älteste ärgerlich: „Also bitte, wer von euch hat die Sekretärin gefressen?"

Zögernd hebt einer der Kannibalen die Hand. „Du Idiot!", schimpft der älteste. „Seit Wochen haben wir Manager gefressen und niemand hat was bemerkt und jetzt musstest du hingehen und jemand Wichtigen fressen!" (17)

Fazit:

Sekretärinnen, Schulwarte, Reinigungspersonal, die am meisten unterschätzten Personen in der Schule – und gerade mit diesen so wichtigen Personen hat man als Lehrer wenig Kontakt, dafür als Direktor umso mehr.

Wie wichtig eine saubere, reine Schule für das Schulklima ist, merkt man erst, wenn das Reinigungspersonal ausfällt, weil dann fehlt das Herz der Schule.

Schulwarte, die sich wirklich um ihre Schule kümmern und zu ihrer Schule stehen sind von ganz großer Bedeutung und daher kommt das Ministerium schon seit Langem auf die Idee, diese Posten einzusparen. Es macht sich sicher für die Postenpläne sehr gut, wenn einige Posten eingespart werden, vor allem die, die besonders viel verdienen wie Reinigungskräfte oder Schulwarte, dafür kann man sich dann im Ministerium ein paar Berater mehr leisten.

Die stattdessen vorgesehene Fremdreinigung ist ja auch nicht umsonst, meiner Meinung nach eigentlich ziemlich teuer, nur steht sie auf einem anderen Ausgabenposten und nicht im Postenplan. Dass es aber für die Schulen mit Fremdreinigung zu verstärkten Problemen kommt, kümmert eigentlich niemand.

Der entscheidende Faktor beim Reinigungspersonal liegt nämlich darin, dass sich das Reinigungspersonal mit seiner Schule identifiziert und stolz auf eine saubere, schöne Schule ist.

Dieser Identifikationsprozess ist bei schulfremdem, oftmals wechselndem Personal sehr schwierig, dass noch dazu die Räume in einem strikten Zeitkorsett zu reinigen hat. Dafür werden die Aufgaben des Reinigungspersonals durch die Bundesbeschaffungsgesellschaft (BBG) sinnvollerweise in einem vielseitigen Konvolut bis ins kleinste Detail geregelt. Der einzige Vorteil der Fremdreinigung ist, bei Krankheit wird hoffentlich jemand nachbesetzt, wo sonst mit schuleigenem Personal zu jonglieren ist.

Die Seele und Visitenkarte der Schule ist aber das Sekretariat, da hier der erste Kontakt mit der Schule zustande kommt. Freundliche, hilfsbereite Sekretärinnen sind ein wahrer Segen für die gesamte Schule und das, was sie ausstrahlen, spiegelt sich im positiven Feedback von Schülern und Eltern wider.

Dazu eine persönliche Geschichte:

In unserem Sekretariat herrschte immer eine offene Tür und es war üblich, dass die Schüler sehr oft ins Sekretariat kamen, um etwas zu erledigen oder auch nur um zu tratschen. Diese gute Beziehung zwischen Sekretärinnen und Schülern gipfelten dann in Blumen zum Schulschluss oder Weihnachtskekse für die Damen von Seiten der Schüler.

Auch die Schulwarte waren immer einsatzbereit und es führte bei vielen Kollegen zu erstaunten Gesichtern, als bei einer Bildungsmesse an einem Freitag um 18:00 Uhr die Schulwarte zum Abbau des Messestandes erschienen, „Wie machst du das, dass die in ihrer Freizeit hier erscheinen? Das wäre bei uns unmöglich", war der Kommentar eines Kollegen einer anderen Schule. Natürlich revanchierte ich mich für diesen zusätzlichen Einsatz mit einer gemütlichen Einladung zum Heurigen.

Ich verbrachte auch immer die gemeinsame Mittagspause mit Reinigungsdamen und Schulwarten, was diese als große Wertschätzung ansahen – der Chef sitzt mit uns am Mittagstisch – und für mich war es einerseits die Möglichkeit viele informelle Informationen über das Schulgeschehen zu erhalten und andererseits kam der Spaß dabei auch nicht zu kurz.

Ein Mensch,
der sich geschätzt fühlt,
wird immer mehr leisten,
als von ihm erwartet wird.

19. Wir bleiben nicht gut, wenn wir nicht ständig trachten, besser zu werden.

Gottfried Keller

So anstrengend!

Ein Schüler kam zum Meister. „Ach Herr", stöhnte er, „um deinen Lehren zu folgen, ist so viel Veränderung nötig. Das ist mir eigentlich alles viel zu anstrengend. Ich glaube, ich werde das Studium hier beenden."
Da schaute der Alte traurig auf seinen Schüler. „Kennst du die Geschichte von der Raupe?", fragte er. Der Schüler verneinte. „Es war einmal eine Raupe, die das Gefühl hatte, dass die Metamorphose zum Schmetterling zu anstrengend sei. Also beschloss sie, Raupe zu bleiben. Und während sie mühsam und langsam durchs Leben kroch, schaute sie immer mal wieder hinauf zu all den Schmetterlingen, die im Sommerwind von Blume zu Blume tanzten", so erzählte der Meister die Geschichte. „Und nun überlege wohl, ob der scheinbar einfachere Weg auch tatsächlich der leichtere ist."

Zen-Geschichte (18)

Fazit:

„Stillstand ist Rückschritt", unter diesem Motto sind Schulen gefordert sich ständig zu verbessern. Die Konkurrenzsituation am Schulmarkt fordert die Schulen, sich auf allen Gebieten weiterzuentwickeln. Sei es das schulische Angebot mit einer Vielzahl von Zusatzqualifikationen, die räumliche und technische Ausstattung wie Einrichtung der Küchen und Speisesäle, die EDV-Ausstattung, die Klassenzimmergestaltung oder die pädagogischen Ansätze wie Einführung von COOL, oder digitalem Lernen. Ganz besonders wichtig ist die Schaffung eines angenehmen Schulklimas einerseits durch den Umgangston, der zwischen Direktor, Lehrer und Schüler herrscht, anderseits durch eine schülerzentrierte Raumgestaltung.

Ich persönlich sehe eine gesunde Konkurrenz zwischen den Schulen als sehr förderlich an und würde es begrüßen, wenn auch in den Pflichtschulen von der Sprengellösung abgegangen würde und auch hier eine freie Schulwahl gegeben wäre. Das führt zu vermehrten Anstrengungen in den Schulen und würde sicher zu einer Verbesserung der Schulen beitragen. Völlig unverständlich sind mir daher Aussagen aus dem Ministerium, dass die Konkurrenz unter den Schulen vermieden werden soll, aber da merkt man einfach wieder die Realitätsferne, die am Minoritenplatz vorherrscht.

Dazu eine persönliche Geschichte:

In den 90er-Jahren des vorigen Jahrhunderts hatte unsere Schule mit rückläufigen Schülerzahlen zu kämpfen. Zu unserem Schreck wurde noch in jeweils circa 40 km entfernten Bezirksstädten Schulen des gleichen Schultyps eröffnet, der Schock in unserem Konferenzzimmer war groß. „Wenn das so weitergeht, können wir in ein paar Jahren zusperren", war der Tenor im Konferenzzimmer.

Aber wenn einem das Wasser bis zum Hals steht, beginnt man zu schwimmen und so haben wir mit Schulentwicklung begonnen, was damals noch nicht üblich war. Und innerhalb von ein paar Jahren konnte die Schülerzahl von ca. 380 auf über 600 gesteigert werden und durch unsere gemeinsamen Anstrengungen konnte der Ruf der Schule erheblich verbessert werden – und es ist schön zu sehen, dass der positive Ruf weiter bestehen bleibt und der Schülerzulauf weiterhin gegeben ist.

Bei der Schulentwicklung sollte man darauf achten, dass sie nicht nur die Aufgabe von einigen wenigen auserwählten Lehrern ist, sondern bei der Schulentwicklung muss das gesamte Schulteam in den Prozess eingebunden werden – nur so kann er gelingen.

Die Arbeitsgruppen sollen immer mit Lehrern aus verschiedenen Unterrichtsgegenständen besetzt sein. Denn normalerweise hat ein Lehrer meist wenig Ahnung von den Bedürfnissen der Lehrer anderer Gegenstände. Dadurch werden sie gezwungen ein paar Meter in den Mokassins der anderen zu gehen und können so Verständnis für die Bedürfnisse der Kollegen der anderen Gegenstände entwickeln.

Ein wichtiges Ziel der Schulentwicklung ist es bei den Kollegen Verständnis für das Gesamtganze der Schule zu entwickeln, das weit über ihren Gegenstand hinausgeht.

Wenn dies gelingt und auch der Umgang mit den Schülern freundschaftlich und auf Augenhöhe erfolgt, steht eigentlich einer positiven Schulentwicklung nichts mehr im Weg.

Ein wichtiger Grundsatz ist, sich bei der Schulentwicklung Zeit zu lassen, denn Gras wächst auch nicht schneller, wenn man daran zieht, sondern nur durch umsichtige Pflege – und das Gleiche gilt für eine erfolgreiche Schulentwicklung.

Sehr hilfreich für den Bekanntheitsgrad unserer Schule war sicher die von mir ins Leben gerufene Bildungsmesse in Stockerau, die nur durch die teilnehmenden Schulen mit Unterstützung der Stadtgemeinde Stockerau organisiert wurde. Bei dieser Bildungsmesse, die im Jahr 2019 das zehnte Mal stattfand, konnten wir in zwei Tagen bis zu 1500 Schüler aus den Unterstufen als Besucher begrüßen.

Die Zusammenarbeit mit den neuen Mittelschulen, die ja unsere Zubringerschulen sind, war mir immer sehr wichtig.

Es gelang Seminare in den Gegenständen E, D, MAM zu organisieren, in denen sich die Kollegen meiner Schule mit den Kollegen der neuen Mittelschulen austauschen konnten. Ein äußerst wichtiger Baustein in der Zusammenarbeit der Schulen, der weiterverfolgt werden sollte.

Ein bedeutender Grund für den guten Ruf und Bekanntheitsgrad unserer Schule lag sicher darin, dass es bei uns üblich war und ist, einfach Dinge zu machen, die nicht selbstverständlich sind. So habe ich immer Eltern, deren Kinder leider nicht in die Schule aufgenommen werden konnten, persönlich angerufen, um mit ihnen gemeinsam eine Lösung für die weitere Schullaufbahn ihrer Kinder zu finden, was in manchen Jahren 30 bis 50 Anrufe bedeutete. Die Außenwirkung war aber phänomenal, denn bald hieß es: „In der Schule kümmert man sich wirklich um die Kinder, da ruft sogar der Direktor persönlich an, um eine Lösung zu finden", und durch solche und ähnliche Maßnahmen konnte die Schülerzahl kontinuierlich gesteigert und unser Einzugsgebiet erheblich vergrößert werden.

*Entscheidend ist nicht,
woher der Wind weht,
sondern wie wir
die Segel setzen!*

20. Autorität hat, wer die Achtung und Wertschätzung seiner Mitarbeiter besitzt, nicht wer unfehlbar ist.

Alfred Mohler

Wer es versteht, seine Mitarbeiter für sich zu gewinnen, gewinnt sie leichter für die Aufgabe

Menschen gewinnen können ist eine der wesentlichen Führungseigenschaften. Wer es nicht versteht, seine Mitarbeiter für sich zu gewinnen, hat es als Vorgesetzter schwer.

Es ist ähnlich wie beim Militär: Dort gibt es Vorgesetzte, die eine Aufgabe stellen, und ihrem Befehl wird nur widerwillig und widerstrebend nachgekommen. Daneben gibt es Vorgesetzte, die dasselbe oder gar mehr fordern, und ihnen wird freudig ohne Federlesen Folge geleistet. Es sind die Vorgesetzten, von denen die Mannschaft sagt: „Für den gehen wir durchs Feuer."

Was heißt das – auf den Betrieb übertragen –, Mitarbeiter zu haben, die für einen durchs Feuer gehen? Es heißt, Mitarbeiter zu haben, die bereit sind, auch eine ungeliebte Arbeit ohne viel Worte anzupacken, weil sie es dem Vorgesetzten zuliebe tun. Es heißt Mitarbeiter zu haben, die nötigenfalls bereit sind – um der Sache und des Vorgesetzten willen – auch mal länger zu arbeiten. Es heißt, Mitarbeiter zu haben, die man nicht zur Arbeit anhalten muss, weil sie selbst sehen, was getan gehört und es aus eigenem Antrieb auch tun. Es heißt ganz einfach, Mitarbeiter mit Geschäftsinteresse zu haben. (19)

Fazit:

Wenn man plötzlich aus dem Kollegenkreis heraustritt und die Rolle des Direktors einnimmt, auch wenn dieser Schritt von sehr vielen gewünscht wurde, ist es schwierig, sich Achtung und Autorität zu erarbeiten.

Besonders wichtig sind in dieser Situation Geduld, Verständnis, zuhören können und was das Wichtigste ist, Entscheidungen treffen, diese erklären und begründen können und zu ihnen zu stehen. Humor und ein „gsunder Schmäh" helfen ebenfalls viele Probleme zu lösen.

Für Achtung im Lehrkörper sorgt auch, wenn man sich auskennt und die Fragen der Kollegen richtig beantworten kann und wenn man einmal etwas nicht weiß, dann auch dazu steht, aber versucht schnellstmöglich eine richtige Antwort zu finden, indem man, weiß wo man sich die Informationen besorgen kann.

Besonders bedeutend ist aber die Vorbildwirkung, denn alles, was ich von meinem Kollegen oder meinem Personal verlange, muss ich auch versuchen vorzuleben. Will ich das meine Kollegen pünktlich sind, dann kann ich nicht ständig zu spät kommen. Will ich, dass meine Kollegen freundlich, höflich und hilfsbereit mit den Schülern (unseren Kunden) umgehen, dann muss auch ich mit meiner Kollegenschaft freundlich, höflich und hilfsbereit umgehen usw. Denn wie sagte Karl Valentin so schön: „Es hat keinen Sinn Kinder zu erziehen, sie machen sowieso alles nach."

Dazu eine persönliche Geschichte:

Als Direktor konnte ich meine Sportlehrer motivieren, an vielen Wettbewerben teilzunehmen. So hatten wir sehr erfolgreiche Mannschaften im Cross-Country, hier wurden wir sogar Staatsmeister, im Volleyball, im Handball, im Burschen- und Mädchenfußball, wo wir den Landesmeistertitel erreichten.

Ich hatte es mir zur Angewohnheit gemacht, sobald es mir die Zeit erlaubte, bei diesen Sportveranstaltungen als Zuschauer teilzunehmen und leider war ich fast immer der einzige Direktor, der sich für seine Sportmannschaften Zeit nahm.

Für meine Lehrer und Schüler war es aber eine große Anerkennung, wenn ich zu den Veranstaltungen kam, um ihnen die Daumen zu drücken. Dadurch habe ich in der Wertschätzung meiner Schüler einen hohen Stellenwert erreicht und sie waren voll stolz auf ihren Direktor, was die Zusammenarbeit mit ihnen wesentlich erleichterte. Selbstverständlich nahm ich mir auch die Zeit, bei kulturellen und musikalischen Veranstaltungen anwesend zu sein.

Auszug aus dem Schreiben einer Kollegin:
...Unter deiner Leitung machte mir die Arbeit in der Schule viel Freude.
Deine positive Grundstimmung hat sich auf uns Lehrer übertragen. Es war für mich eine große Bereicherung, weil du vieles zugelassen und unterstützt hast, um einen interessanten Unterricht zu gestalten......

Glück
ist meist nur
ein Sammelname
für Tüchtigkeit, Klugheit,
Fleiß und Beharrlichkeit.

21. Die Kunst, im richtigen Ausmaß zu loben, ist eines der Geheimnisse erfolgreicher Menschenführung.

Kurt Wellerhagen

Lobe täglich bewusst

Es braucht nicht jedes Mal ein gewichtiges Lob zu sein. Lieber in kleinen Abständen eine beiläufige Anerkennung – „Was, schon fertig!", „Das haben Sie gut gemacht!" „Eine saubere Arbeit!" – als wochen- oder monatelang nie eine anerkennende Bemerkung und dann dem Mitarbeiter plötzlich einen Lorbeerkranz umhängen. Erstens bestünde die Gefahr, dass die Frustration bereits zu groß geworden ist, und zweitens wäre dieses plötzliche gewichtige Lob auch nicht mehr glaubhaft.

Natürlich soll das Gesetz nicht so verstanden werden, dass wir nun jeden Mitarbeiter jeden Tag loben sollen. Es soll aber kein Tag vergehen, ohne dass wir nicht die Gelegenheit wahrgenommen haben, mindestens einen unserer Mitarbeiter bewusst zu loben.

Sagt einer: „Sie sollten meine Mitarbeiter kennen! Wo soll ich da jeden Tag einen hernehmen, den ich loben kann?", so muss dieser Vorgesetzte den Hebel bei sich selbst ansetzen. Was ist denn die Hauptaufgabe eines Vorgesetzten? Besteht sie nicht darin, seine Mitarbeiter zu guter, zu stets besserer Leistung zu führen? Schafft er dies, so hat er ja auch immer wieder Grund, seine Mitarbeiter zu loben. Schafft er es nicht, so muss er sich überlegen, was er falsch macht.

Der Vorgesetzte, der seine Mitarbeiter lobt, lobt indirekt sich selbst. Er hat sie dahin gebracht, Leistungen zu erbringen, die Lob verdienen. (20)

Fazit:

Lob ist einer der wichtigsten Motivatoren für alle Menschen, aber ganz besonders für Lehrer und Schüler.

Besonders wichtig ist es für Kleinigkeiten zu loben, im Vorbeigehen einfach festzustellen: „Das hast du aber gut gemacht."

Vor allem für Schüler ist es wichtig, dass sie auch für kleinste Fortschritte gelobt werden, denn dies motiviert wieder zu noch mehr Leistung. Die Meinung „keine Kritik ist schon genug gelobt" ist völlig falsch.

Lob geht runter wie Öl und ist der Treibstoff für weitere, noch bessere Arbeit. Es schadet auch nicht eine ganze Klasse oder das gesamte Konferenzzimmer zu loben oder einen Schüler oder Lehrer vor der gesamten Klasse oder dem Konferenzzimmer. Auch Auszeichnungen wie Dank und Anerkennung heben das Selbstwertgefühl.

Natürlich ist es auch notwendig Kritik zu üben, aber Kritik soll immer nur unter vier Augen erfolgen, sie muss sachlich sein und darf nie auf die persönliche Ebene abgleiten, sowohl bei Lehrern als auch bei Schülern.

Absolut keinen Sinn macht es die gesamte Kollegenschaft gleichzeitig zu kritisieren, weil was passiert, genauso wie in einer Klasse, die die es wirklich betrifft, ducken sich weg und den Rest interessiert es nicht wirklich. Daher Kritik immer individuell mit der betroffenen Person besprechen und nie verallgemeinert für alle.

Dazu eine persönliche Geschichte:

Auszug aus dem Feedback einer Kollegin:
„... es war ein entspanntes und angstfreies Arbeiten und Du hast uns allen die Gewissheit gegeben, dass du hinter deinen Leuten stehst! Du hast auch nie mit Anerkennung gespart und damit hast Du einem

den Beruf zur Berufung gemacht. Ich war wirklich gerne Lehrerin und denke oft an die schöne Zeit zurück."

Auszug aus einem Schreiben:
Sie waren viele Jahre mein Chef. Sie haben mir ermöglicht, trotz meiner Krankheit, diesen Beruf auszuüben – bis zu meiner Pensionierung. Ja, Sie haben mir geholfen, mit meiner Krankheit gut zu leben, indem Sie mir viel Stress genommen haben, mir stets Verständnis und Unterstützung entgegenbrachten.
Dafür werde ich immer dankbar sein.

Einige Schüler Rückmeldungen:
... Ihr Unterricht ist sehr verständlich und gut erklärt, außerdem helfen Sie immer, wenn sich jemand nicht auskennt.

... gut erklärt auch nach dem 50-mal fragen.

Danke, dass Sie immer an mich geglaubt, haben ...

Für die vielen Chancen bin ich so dankbar.

... angenehmer Unterricht, gute Erklärungen, sehr viel Geduld mit uns, lustiger Lehrer, verständnisvoll, gesunde Strenge ...

Sie haben mir in den letzten 3 Jahren sehr geholfen und mich immer wieder motiviert. Ich habe viel dazugelernt. Wir hatten aber auch viele Stunden in denen wir gelacht und über andere Dinge als Rechnungswesen geredet haben.

... es war meine Schuld, ich hätte mich mehr auf RW konzentrieren sollen, ich hoffe, ich schaffe die Nachprüfung. Danke für die mehreren Chancen.

Sie haben mich sehr für die Schule motiviert, ohne Sie wäre ich jetzt nicht mehr hier. Dafür danke ich Ihnen. Sie haben den Unterricht immer lustig gestaltet und man konnte sehr offen mit Ihnen reden

Danke für die Unterstützung und dass man immer kommen konnte, wenn man etwas brauchte und Sie die Schüler immer unterstützt haben.

…, dass sie sich so für Schüler interessieren und einsetzen und versuchen zu helfen.

Ein Lob
wirkt wie Hefe.
Es hilft anderen
sich zu entfalten.

22. Humor.
Ist die Fähigkeit eines Menschen, der Unzulänglichkeit der Welt und der Menschen, den Schwierigkeiten und Missgeschicken des Alltags mit heiterer Gelassenheit zu begegnen, sie nicht so tragisch zu nehmen und über sie und sich selbst lachen zu können.

Der Hase und der Rabe

Ein Rabe saß träge im Wipfel eines Baumes und tat den ganzen Tag lang überhaupt nichts.

Da kam ein kleiner Hase vorbei und sah den Raben. Er fragte den Vogel: „Sag mal, kann ich mich auch so hinsetzen und den ganzen Tag nichts tun?"

Der Rabe gab zur Antwort: „Aber natürlich – warum denn nicht?"

Da setzte sich also der kleine Hase auf den Boden unter den Baum, auf dem der Rabe saß, und ruhte sich genüsslich aus. Von hinten allerdings schlich sich unbemerkt ein Fuchs an. Er sprang auf den kleinen Hasen und fraß ihn.

Merke: Um ungestraft herumzusitzen und nichts tun zu können, musst du sehr, sehr weit oben sitzen. (21)

Fazit:

Humor ist sicher eine der wirkungsvollsten Waffen im Umgang mit Menschen. Besonders im Umgang mit jungen, sich gerade in der Pubertät befindenden, Menschen ist eine gesunde Portion Humor und etwas Schmäh eine große Hilfe.

Eine Unterrichtsstunde, in der nicht gelacht wird, ist sicher keine gelungene Stunde und ein Sekretariat, in dem es nicht immer wieder etwas zu lachen gibt, ist eine ganz traurige Angelegenheit, wo die Menschen bestimmt nicht gerne arbeiten.

Als Direktor hat man auf sein Personal zu achten um zu verhindern, dass die Kollegen sich übernehmen und nicht im Burnout landen. Denn es passiert leider oft, dass immer dieselben Kollegen mit Aufgaben betraut werden, weil man als Chef weiß, dass sie dort in besten Händen sind. Doch man sollte bei der Delegation von Aufgaben sehr genau darauf achten, dass sie gleichmäßig auf die Kollegen, verteilt werden. Übrigens wenn man Aufgaben delegiert, dann muss man den Kollegen auch Verantwortung übertragen und Vertrauen entgegenbringen, da Misstrauen einfach kein Prinzip der Menschenführung ist.

Dazu eine persönliche Geschichte:

Klassenräume lassen leider meist jegliches Flair vermissen und als wir unter großer Raumnot litten, da der gute Ruf zu einer großen Zahl von Schülern führte, mussten wir teilweise auch in schrecklichen Kellerräumen unterrichten. Um diese „Besenkammerln" aufzuhübschen, wurde es den Schülern erlaubt, sich ihre Räume selbst zu gestalten und auszumalen. Mittlerweile ist es einfach Usus geworden, dass sich jede Klasse ihren Raum selbst gestalten darf, ausmalt, mit Ornamenten oder Sprüchen verschönert, mit Sitzgarnituren und gemütlichen Sesseln, Teekochern und Kaffeemaschinen bereichert und so aus ihren Klassenräumen einen Bereich schaffen, in dem sie sich gerne aufhalten und wohlfühlen.

In den Räumen, in denen während der Freistunden manchmal auch Fußball gespielt wurde, haben es die Schüler problemlos geschafft, die Deckenelemente wieder schnellstens zu reparieren.

Natürlich muss man auch als Direktor auf sich selbst schauen und Bereiche finden, die es einem ermöglichen, seine Batterien wieder aufzuladen – bei mir war es Fußball und Tennis. Das jeden Dienstag um 17:30 Uhr stattfindende Hallenkicken war ein unumstößlicher Termin und das ganze Haus wusste, Dienstag ab 17:30 Uhr gibt's keine Termine und Veranstaltungen mehr, weil da ist der Chef beim Fußball. Übrigens auch bei den mündlichen Maturaprüfungen waren wir punktgenau fertig, um im Speisesaal das erste Spiel der österreichischen Mannschaft bei der Europameisterschaft zu verfolgen.

Weil so soll's nicht mehr sein:

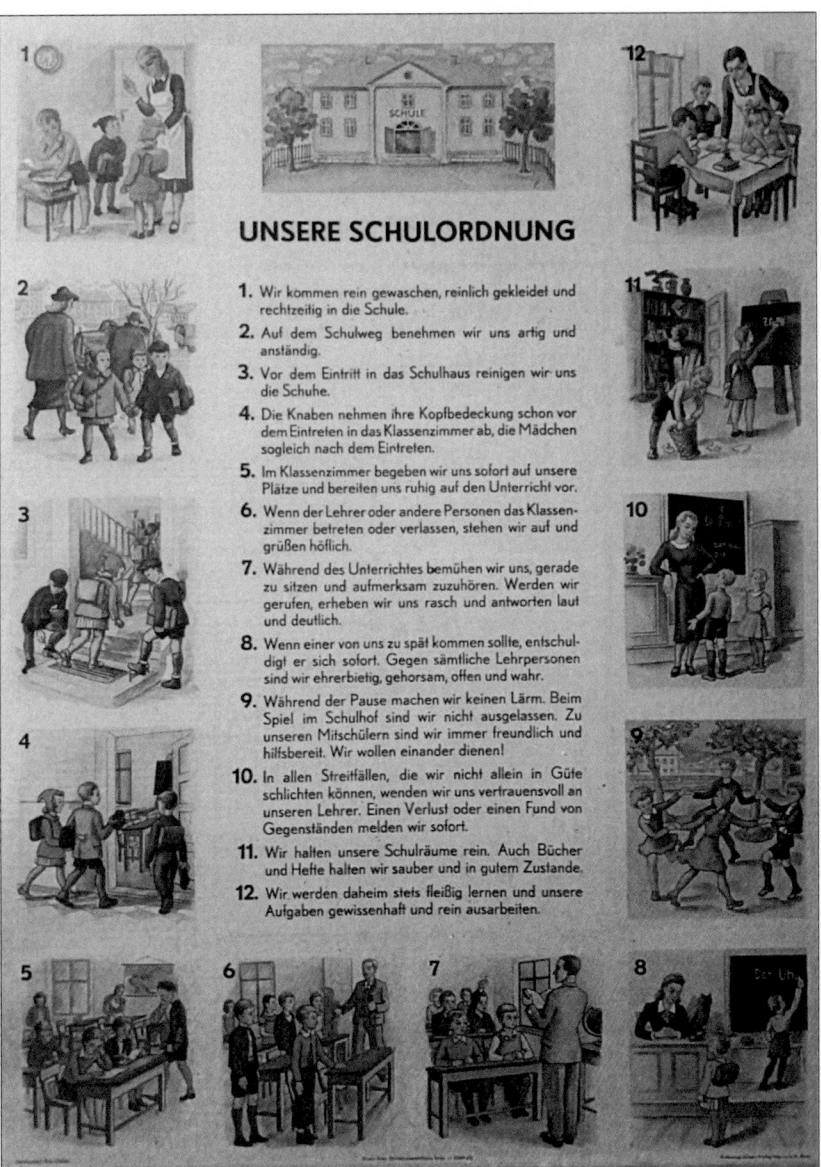

*Lache immer als erster
über dich selbst –
bevor es die anderen tun!*

23. Höre nicht auf die Pessimisten.
Es gibt immer jemand, der dir erzählen will, dass du etwas nicht tun kannst, weil es zu schwierig oder zu gefährlich sei, weil du zu jung oder zu alt seist. Tu es einfach. Es ist nie zu spät die Dinge zu tun, die du schon immer tun wolltest.

Helen Tew
(überquerte mit 89 im Segelboot den Atlantik)

Gedanke des Tages

Johnny beginnt in einer Filiale einer großen Supermarktkette im mittleren Westen der USA als Einpacker zu arbeiten. Täglich steht er am Ende des Kassenbandes und hilft unzähligen Kunden, ihre Einkäufe zu verstauen. Eigentlich eine eintönige Tätigkeit. Doch nicht für Johnny.

Am Ende von Johnnys erster Arbeitswoche beobachtet der Leiter der Filiale den Kassenbereich. Er wunderte sich, dass die Schlange an der Kasse, an der Johnny die Waren verpackte, viel länger ist als an anderen Kassen. Der Filialleiter fragt sich, warum die Kunden sich nicht dort anstellen, wo weniger los ist. Er wird hektisch und denkt darüber nach, eine zusätzliche Kasse zu öffnen.

Zunächst spricht der Filialleiter Kunden am Ende der Schlange an und bittet sie, sich an eine Kasse mit deutlich weniger Kunden zu begeben. Ein Kunde sagt, dass er lieber bei Johnny in der Schlange warte, um den „Gedanken des Tages" zu erhalten. Ein anderer Kunde erzählt, dass er früher nur einmal pro Woche eingekauft habe, nun aber fast jeden Tag kommt, um den „Gedanken des Tages" nicht zu versäumen. „Der Gedanke des Tages?", davon hatte der Filialleiter noch nichts gehört.

Immer wenn Johnny abends nach Hause kommt, überlegt er sich für den nächsten Arbeitstag einen „Gedanken des Tages". Wenn er keinen findet, der ihm gefällt, so erfindet er selbst einen. Diesen Gedanken druckt er auf kleine Zettel, vervielfältigt sie und schreibt auf die Rückseite jedes Zettels seinen Namen. Die so entstandenen Zettelchen packt Johnny am nächsten Tag zu den Einkäufen seiner Kunden in die Tüten.

Er legt also jeder Tüte einen Zettel mit seinem „Gedanken des Tages" bei. Auf diese Weise hat er eine kreative und für die Kunden unterhaltsame Methode gefunden, der Arbeit seinen persönlichen Stempel aufzudrücken. (22)

Fazit:

Sehr oft passieren in der Schule viele Dinge einfach nicht – warum? Weil sehr oft in vorauseilendem Gehorsam Gesetze und Verordnungen viel zu eng ausgelegt werden und daher viele Möglichkeiten, die das Schulleben und die Schulgesetze eigentlich bieten, nicht genutzt werden. Sehr oft wird nach dem Motto „Vor lauter Angst gestorben, ist auch Tot" gehandelt und aus eigentlich eingebildeter Furcht vergessen den klaren Menschenverstand einzuschalten und nach dem Motto „ich halte mich in Rufweite des Gesetzes auf" vernünftige Dinge einfach durchzuführen. Menschen, die bei einer Idee sofort 100 Gründe wissen, warum es nicht funktioniert, sind richtige Energieräuber, statt es einfach zu probieren und aus den Fehlern zu lernen.

Denn das soll nicht passieren:

Einst saß ein alter, weiser Mann unter einem Baum, als der Seuchengott des Weges kam. Der Weise fragte ihn: „Wohin gehst Du?" Und der Seuchengott antwortete ihm: „Ich gehe in die Stadt und werde dort hundert Menschen töten."

Auf seiner Rückreise kam der Seuchengott wieder bei dem Weisen vorbei. Der Weise sprach zu ihm: „Du sagtest mir, dass

Du hundert Menschen töten wolltest. Reisende aber haben mir berichtet, es wären zehntausend gestorben."

Der Seuchengott aber sprach: „Ich tötete nur hundert. Die anderen hat die eigene Angst umgebracht." (23)

Dazu eine persönliche Geschichte:

Als junger Direktor kam im Konferenzzimmer die Idee auf, man könnte ja eigentlich einmal 14 Tage in einer ausländischen Schule unterrichten und die Stunden mit dem ausländischen Kollegen, der gleichzeitig in Österreich unterrichtet, einfach tauschen. Die Skepsis war sehr groß, doch nach einigen Diskussionen mit dem Landesschulrat war es wirklich möglich. So unterrichtete 14 Tage lang ein Kollege aus Schweden in unserer Schule, während die Kollegin aus unserer Schule seine Stunden in Schweden hielt. Vieles ist möglich, man muss es einfach nur probieren und sich rechtlich gut absichern. Hier ist es auch einmal notwendig mich beim niederösterreichischen Landesschulrat (Bildungsdirektion) für die jahrzehntelange, partnerschaftliche Unterstützung und für die oftmalige sehr schulfreundliche Interpretation von Gesetzen zu bedanken. Diese juristische Unterstützung war einmalig und vorbildhaft und der Landesschulrat hat sich wirklich als Servicestelle für die Schule erwiesen. Vielen Dank!

Wer den Herausforderungen des Lebens mit einem inneren Lächeln begegnet, dem wird scheinbar Unangenehmes plötzlich in einem ganz anderen Licht erscheinen.
Und es werden ihm viele Aufgaben leichter fallen.

24. Ein bisschen gesunder Menschenverstand, ein bisschen Toleranz, ein bisschen Humor, wie behaglich es sich in unserer Schule leben ließe.

nach Sommerset Maugham

Nach außen hat nur Bestand, was innen vorhanden ist

Der Ruf, den ein Unternehmen in der Öffentlichkeit genießt, wird von den Mitarbeitern entscheidend mitgeprägt. Mit Einsatz finanzieller und anderer Mittel kann man wohl ein Firmenimage aufbauen und nach außen in Erscheinung treten lassen. Auf die Dauer wird aber nach außen nur Bestand haben, was auch innen vorhanden ist. Alles andere bleibt Fassade und fällt früher oder später zusammen.

Wodurch zeigt sich nach außen, was innen vorhanden ist? Einerseits durch die Summe der Leistungen des Unternehmens und andererseits durch das Verhalten der Mitarbeiter. Das Verhalten wird vor allem in den Gesprächen deutlich, auch in den Gesprächen über die Firma.

Wir können davon ausgehen, dass jeder unserer Mitarbeiter einen Bekanntenkreis von 30 bis 50 Personen hat – Leute, mit denen er immer wieder in Kontakt kommt. Mit manchen wird dabei auch über die Arbeit, über die Stelle gesprochen. Spielt es für das Firmenbild nicht eine entscheidende Rolle, wie über das Unternehmen geredet wird? Denn die 30 bis 50 Meinungen setzen sich fort, multiplizieren sich.

Und was gibt den Ausschlag, ob sich Mitarbeiter positiv oder negativ über ihre Firma äußern? Ist es nicht in erster Linie das Verhältnis zu den Kollegen und den Vorgesetzten? Wo dieses in Ordnung ist, fühlt man sich in einer Arbeitsgemeinschaft wohl und hat wenig Anlass zu negativen Bemerkungen. Wie wir unsere Mitarbeiter behandeln, prägt daher das Bild mit, das sich Außenstehende von unserem Unternehmen machen. (24)

Fazit:

Die Schule soll ein Ort zum Wohlfühlen, der Kommunikation, der Leistung und des Humors sein. Wenn es gelingt, diese Punkte umzusetzen erreicht man ein Schul- und Arbeitsklima, das weit in die Region strahlt und für positive Rückmeldungen vor allem von Seiten der Eltern sorgt.

Wichtig ist es dafür zu sorgen, dass das Lehrerkollegium einheitlich auftritt und nicht untereinander zerstritten ist. Dies erreicht man durch gemeinsame Veranstaltungen und Feiern wie Weihnachten, Faschingsdienstag, Schulschluss usw. Ein Bonmot über unsere Schule lautete: „Bei euch funktionieren die schulautonomen Tage und die Feiern am besten."

Viel wichtiger aber ist, dass man Gruppenbildungen im Konferenzzimmer verhindert. Es besteht nämlich in vielen Lehrerkollegien die Tendenz, dass sich die Fachgruppen zusammenschließen und wenig Kontakt mit den anderen Kollegen haben. Diese Schrebergärten werden dann noch gegen die anderen Fachgruppen verteidigt, weil es geht, ja um „unseren Gegenstand" und leider nie um die gesamte Schule und ein einheitliches Auftreten nach außen – daher ist es von Seiten der Direktion besonders wichtig das Entstehen von Schrebergärten zu verhindern bzw. wenn sie vorhanden sind, die Gartenzäune so schnell wie möglich zu beseitigen.

Ein besonders wichtiger Faktor für ein gesundes Schulklima besteht auch darin allen Kollegen klarzumachen, dass sie in jeder Unterrichtsstunde „Marketingbeauftragte" für die gesamte Schule sind. So wie sie sich in der Stunde, im Unterricht gegenüber den Schülern verhalten, das dringt nach außen, das wird im Bus, den Eltern, den Freunden, Opa und Oma erzählt. Wenn sich alle Lehrer dieser Marketingaufgaben bewusst sind und daher auf positives Marketing achten, gelingt es einen guten Ruf der Schule aufzubauen.

Dazu eine persönliche Geschichte:

Leider gibt es in Schulen auch sehr traurige Erlebnisse wie Schülerselbstmord oder schwere Krankheiten. Bei so schwierigen Fällen war unsere bestens in die Schule integrierte Schulärztin eine große Stütze.

Bei so einem tragischen Fall wie einem Schülerselbstmord ist es notwendig klaren Kopf zu behalten, sensibel zu reagieren, alle die helfen können einzuschalten wie Schulpsychologie, Schulärztin, Religionslehrer, Kriseninterventionsteam, um vor allem die betroffene Klasse so gut wie möglich durch diese schwere Zeit zu bringen.

Ein anderer besonderer Fall war das Auftreten einer Meningokokken-Erkrankung bei den Vorbereitungsarbeiten am Tag vor dem Schulball. Samstagvormittag bekomme ich einen Anruf, eine Schülerin der Abschlussklasse hat eine Meningokokken-Infektion. Was ist zu tun? Müssen wir den Ball absagen? Also zuerst einen Amtsarzt erreichen, was an einem Samstag gar nicht so einfach ist, der entscheidet, der Ball kann stattfinden, aber alle, die mit der Schülerin in Kontakt waren, müssen prophylaktisch mit einem Antibiotikum versorgt werden und das waren an die 200 Personen. Als Nächstes wird die Schulärztin informiert, die sich darum kümmert, die Antibiotika zu besorgen. Um 14:00 Uhr gibt es ein Treffen mit den Sekretärinnen und der Elternvereinsobfrau, um alle Schüler, die Lehrer und das Personal des Stadtsaales zu informieren, dass sie um 17:00 Uhr im Stadtsaal zur Antibiotika-Ausgabe zu erscheinen haben oder dieses nachweislich bei einem Arzt eingenommen haben, sonst können sie leider nicht am Ball teilnehmen. Ab 17:00 Uhr erfolgt die Antibiotika Ausgabe, ich sitze wie ein Drogendealer, gemeinsam mit einer Kollegin, die auf den Klassenlisten die Schüler abhakt, und verteile an über 200 Personen Antibiotika. Da bleibt dann keine Zeit mehr sich auf die Eröffnungsrede vorzubereiten, bei der der Spagat zu gelingen hat, dass einerseits ein fröhlicher Ball stattfinden soll, andererseits die Besucher darauf aufmerksam zu machen sind, dass sie bei Symptomen sofort das Krankenhaus aufsuchen sollen und einer Schülerin, die gerade in dieser Nacht um ihr Leben kämpft, positive Gedanken zu schicken. Ich bin heute noch überzeugt, dass die guten Gedanken, die ihr 1500 Ballbesucher schickten, viel Unterstützung gegeben und ihr sicher geholfen haben, diese schwere Krankheit zu überstehen.

Gott sei Dank gibt es solch negativen Erfahrungen sehr selten, die aber die Schulgemeinschaft zusammenschweißen.

Es ist aber sehr erfreulich, dass es viel, viel mehr positive Dinge zu berichten gibt. Seien es die vielen Veranstaltungen wie Musicals, Faschings- und Weihnachtsfeiern, Vernissagen u.v.m., Erfolge auf sportlichem, kulturellem, sprachlichem oder kulinarischem Gebiet aber besonders der intensive Kontakt mit engagierten, netten und humorvollen Kollegen, Sekretärinnen, Erzieherinnen und Personal und vor allem der tägliche Umgang mit den Schülern, deren erfrischende und fröhliche Art einem den Beruf und das Leben wirklich leicht gemacht haben.

Frohes Gemüt
kann Schnee
in Feuer
verwandeln!

Spanisches Sprichwort

25. Optimismus ist Pflicht!
Wer das Gute im Menschen anspricht, lockt es auch aus ihm hervor. Er motiviert Mitarbeiter damit mehr,
als durch Kritik und Kontrolle.

Anselm Grün

Zwei Pillen täglich

Ein Arzt besuchte seine Patienten im Altersheim. Ihm fiel ein 96-jähriger Mann auf, der stets zufrieden und freundlich war. Eines Tages sprach ihn der Arzt darauf an und fragte nach dem Geheimnis seiner Freude. Lachend antwortete der alte Herr: „Herr Doktor, ich nehme jeden Tag zwei Pillen ein, die helfen mir!"

Verwundert schaute ihn der Arzt an und fragte: „Zwei Pillen nehmen Sie täglich? Die habe ich Ihnen doch gar nicht verordnet!"

Verschmitzt antwortete der Mann: „Das können Sie auch gar nicht, Herr Doktor. Am Morgen nehme ich gleich nach dem Aufstehen die Pille Zufriedenheit. Und am Abend, bevor ich einschlafe, nehme ich die Pille Dankbarkeit. Diese beiden Arzneien haben ihre Wirkung noch nie verfehlt."

„Das will ich Ihnen gerne glauben", meinte der Arzt. „Ihr gutes Rezept werde ich weiterempfehlen. Zufriedenheit und Dankbarkeit sind Gewalten, vor denen alle finsteren Mächte weichen."

Nach Hermann Bezzel (25)

Fazit:

Lehrer und dann Direktor sein zu dürfen ist sicher einer der befriedigendsten Berufe, die man ausüben kann.

Obwohl sich die Rahmenbedingungen in den letzten Jahren immer mehr verschlechtert haben.

Immer wieder wird von der vermehrten Autonomie der Direktoren geschwafelt, tatsächlich war man als Direktor vor 25 Jahren wesentlich autonomer als in den letzten Jahren. Die Flut von Vorgaben von Seiten des Ministeriums werden von Jahr zu Jahr mehr und die Formulare und Statistiken, die für das Ministerium auszufüllen sind, sind eigentlich unzählbar. Richtig kurios wird es, wenn mehrmals die gleichen Daten zu melden und in fünf verschiedene Systeme einzugeben sind, ohne dass einem der Sinn dieser Maßnahmen ersichtlich wird.

Übrigens werden solche Umfragen meist dann verlangt, wenn in der Schule, die wenigste Zeit für irgendwelche Zusatzaktivitäten vorhanden ist, weil im Ministerium hat man scheinbar keine Ahnung über den Ablauf eines Schuljahres. Außerdem soll sich die Schule um das Wohlergehen ihrer Schüler kümmern und nicht der Handlanger ministerieller Bürokraten sein.

Völlig unverständlich ist es, wenn während Zeiten der Coronakrise an so wichtigen Dingen wie dem PISA-Test oder neu eingeführten Qualitätssicherungssystemen festgehalten wird, die für die Schulen außer zusätzlicher Belastungen nichts bringen.

Traurig stimmt es auch, wenn man das Gefühl bekommt, dass das berufsbildende Schulwesen, um das uns viele Länder beneiden und es zu kopieren versuchen, im eigenen Ministerium eigentlich nicht wirklich geschätzt wird, weil es zu vielfältig, zu kompliziert ist und einfach zu viel Arbeit macht, statt stolz darauf zu sein und seinen guten Ruf in die Welt hinauszutragen.

Es ist auch sehr bedenklich, wenn sich das Ministerium dagegen ausspricht, dass es länderübergreifende oder gesamtösterreichische Konferenzen des gleichen Schultyps gibt – denn wirksamere Veranstaltungen als gesamtösterreichische Konferenzen gibt es eigentlich nicht. Sehr wichtig wären auch Zusammentreffen zwischen Direktoren bzw. Kollegen aus verschiedenen Schularten und dies, wenn möglich, auch österreichweit.

Es gibt aber auch sehr positives zu berichten, die Zusammenarbeit mit den direkten Vorgesetzten im Ministerium war ausgezeichnet, und es gab viel Verständnis für die Probleme und Wünsche der Schulen.

Ganz besonders erfreulich war die Zusammenarbeit mit dem Landesschulrat für Niederösterreich (jetzt Bildungsdirektion), der sich wirklich als Servicestelle für die Direktion erwies und einige sehr innovative Präsidenten wirklich den Schritt vom bürokratischen Amt zum Dienstleistungsbetrieb schafften.

Dazu eine persönliche Geschichte:

Ich habe meine Jahre als Lehrer und Direktor immer sehr genossen, vor allem die tägliche Zusammenarbeit mit jungen Menschen hilft einem selbst jung zu bleiben. Ein Konferenzzimmer, in dem ein offener Austausch auf Augenhöhe stattfand und ein Sekretariat und sonstiges Personal, wo es immer etwas zu lachen gab, haben mir bei meinem Beruf sehr geholfen.

Viel Freude hat mir immer der Austausch mit meinen Direktorenkollegen gemacht, weil wir zusammen sehr viel Positives erreicht haben. Die Zusammenarbeit zwischen den Direktoren, die offen und ehrlich miteinander umgehen, trägt sehr viel zur Weiterentwicklung eines Schultyps bei, besonders wenn man dann das Glück hat, einer Gruppe wie den „jungen Wilden" anzugehören. Diesen Ehrentitel bekamen wir von einem Ministerialrat verliehen, als wir gemeinsam im Ministerium auftauchten, um unsere Vorstellungen für einen neuen Lehrplan zu deponieren.

Für meine persönliche und schulische Weiterentwicklung war der Austausch mit den befreundeten Kollegen aus den anderen Bundesländern sehr wichtig – weil über den eigenen Tellerrand zu sehen, weitet den Blick und das Wissen.

Eine große Ehre war mir auch meine Kollegen als gesamtösterreichischer Direktorensprecher vertreten zu dürfen. Bei dieser Aufgabe habe ich versucht meine Kollegen mit Rat und Tat zu unterstützen, andererseits unsere Interessen im Ministerium zu vertreten, was das Bohren harter Bretter bedeutete.

Besonders stolz bin ich darauf, dass es noch gelungen ist, eine österreichische Direktorenvertretung der gesamten berufsbildenden Schulen ins Leben zu rufen.

Ansonsten hatte ich einfach einen wunderbaren Beruf, den man wie folgt definieren kann: „Wähle einen Beruf, den du liebst und du brauchst keinen Tag in deinem Leben mehr zu arbeiten."

*Was der Sonnenschein
für die Blumen
das sind freundliche,
lachende Gesichter
für die Menschen!*

26. Zum Abschluss eine sehr schöne Geschichte

...Menschen sind wie Blumen...
...Mein Traumberuf...

„Mein Garten platzt aus allen Nähten. Blumen in allen Farben und Formen ringsum. Natürlich steckt viel Arbeit dahinter, damit alles so gut gedeihen kann. Kleine, zarte Pflänzchen brauchen eine Stütze, um Halt zu finden, andere müssen umgesetzt werden, weil sie mehr Sonnenschein oder einen Schattenplatz benötigen. Unkraut ist sorgsam zu entfernen, damit die Pflanze genügend Raum und Luft hat. Es muss gegossen und gedüngt werden. Die Früchte der Bäume sind zur rechten Zeit zu ernten. Überhaupt kommt es immer auf den richtigen Zeitpunkt an.

In meinem Garten wird mit viel Liebe und Sorgfalt gearbeitet. Immer wird versucht, den richtigen Platz für jede Pflanze zu finden.

Im Insektenhaus summt und brummt es. Die bunten Blumen leuchten im Sonnenschein, in den hohen Baumwipfeln ist ein derart lautes zwitschern und jubilieren zu hören, dass ich meine, mein eigenes Wort nicht zu verstehen.

Ich muss lächeln. Die Blumen lächeln mir zu und ich gehe durch das Gartentor ins Freie hinaus. Die junge Gärtnerin ist schon bereit, die Arbeit fortzuführen. Es ist wichtig, dass der Garten immer umsorgt wird, dass er weiterhin liebevoll gepflegt wird."

Hildegard Weidner

Willst du für ein Jahr
vorausplanen, so baue Reis.
Willst du für ein Jahrzehnt
vorausplanen, so pflanze Bäume.
Willst du für ein Jahrhundert
planen, so bilde Menschen.

Tschuang-tse

III Anhang

Sandkastenspiele im Elfenbeinturm – Gegenwart und Zukunft der Bildung

Vom Land der Erbsenzähler

Es war einmal ein sehr erfolgreiches Königreich, das Land der Dichter, Denker, Erfinder und Unternehmer. Der Hofstaat war klein, und die vielen Ritter, Barone und Grafen waren voll damit beschäftigt, etwas zu unternehmen, nämlich Erbsen anzubauen, zu ernten und zu verkaufen. Die Untertanen waren zwar unten, aber sie taten auch viel. So hatten alle gut zu essen und auch genügend Erbsen für den Tauschhandel mit anderen Königreichen.

Eines Tages setzte ein selbstsüchtiger Hof-Meier, der mehr Macht haben wollte, dem König eine fixe Idee in den Kopf. „Es ist äußerst wichtig, alle Erbsen im Land zu zählen. Dann können Eure Majestät Eure Kollegen richtig neidisch machen, wenn Sie Ihnen erzählen, wie viele Erbsen in Eurem Reich erzeugt, gegessen, verkauft oder gelagert werden." Dem König gefiel die Idee. Er wollte gern das beste Reich besitzen und auch das Steuereintreiben wurde einfacher. Seine Vasallen mussten ein Viertel ihrer Erbsen bei dem Hof-Erbsenzähler abgeben: für den Hofstaat und das Heer.

Die Folgen des Gesetzes waren anfänglich erfreulich, später jedoch verheerend. Zuerst gab es in dem Land viele neue Arbeitsplätze. Jedes Fürstentum (heute auch „Unternehmen" genannt) brauchte jetzt eigene Erbsenzähler. Deren Ergebnisse wurden wiederum von vielen königlichen Erbsenzählern überprüft. Als das Schloss nicht mehr genügend Zimmer für all diese Erbsenzähler hatte und der Hofstaat in die Kutschenhäuser ausweichen sollte, gab es eine Palastrevolution, und eine geniale Idee wurde geboren. Es entstand der „königlich beauftragte und vereidigte Erbsenzähler". Ein neuer Berufsstand war geboren und wuchs und wuchs und wuchs – in allen Königreichen rund um die Erde. Der neue Stand entwickelte eigene Zählweisen und erfand unterschiedliche Erbsenfarben: weiße, graue und schwarze. Von den weißen mussten die Fürsten ein Viertel als Steuer abgeben, von den grauen aber nicht. Sie wurden nur gezählt, um vor den anderen Fürsten zu prahlen, wie viele Erbsen man in Wirklichkeit hatte (heute nennt man das „Handels- bzw. Steuerbilanz"): Um weiße oder graue Erbsen in schwarze zu färben, ohne dass es den „königlich beauftragten und vereidigten Erbsenzählern" auffiel, entwickelten die Erbsenzähler der Fürstentümer immer neue Methoden, ebenso für das Bleichen der schwarzen Erbsen.

So kam es zu einem Wettstreit der Erbsenzähler, zunächst rein sportlich, aber dann immer ernsthafter. Es entstand nicht nur eine Vielzahl von Methoden, Theorien, Modellen und Konzepten, die von den königlichen Erbsenzählern in immer mehr und immer komplexere Gesetze und Verordnungen gegossen wurden, sondern auch immer mehr Schulen und sogar Universitäten. Aus dem Erbsenzählen wurde eine Wissenschaft gemacht, weil die Erbsenzähler sich in so viel Komplexität verstrickt hatten, dass keiner mehr durchblickte. Diese von Menschen gemachte Komplexität war jetzt fast so groß wie die Komplexität der Natur. Sie benötigte und rechtfertigte jetzt sogar ein Studium. Eine neue Wissenschaft war geboren. So wuchs nicht nur die Zahl der Erbsenzähler, sondern auch die Zahl der Berufswege und Berufsgruppen. Bedrohlich wurde dieses Wachstum für das Königreich, als auf jeden Erbsenerzeuger ein Erbsenzähler kam. Die richtige Katastrophe war aber nicht mehr aufzuhalten, als das Erbsenzählen besser bezahlt wurde als das Erbsenerzeugen. Keiner wollte mehr richtig produktiv arbeiten. Eine Hungersnot nach der anderen überrollte das Land. Die Fürsten und auch der König setzten Computer ein, um weniger Erbsenzähler zu benötigen. Aber das Gegenteil trat ein. Erstens brauchte man jetzt neue Erbsenzähler zum Programmieren der Computer. Zweitens machten sich die Fürsten einen Sport daraus, mit viel

Computerpower die Erbsen jetzt schneller zu zählen als der König. Und drittens wurde der Computer zur neuen Waffe bei dem Wettkampf um die weißen, grauen und schwarzen Erbsen.

Ist das Königreich schon untergegangen? Sind alle Menschen verhungert? Nein. Unverbesserliche Unternehmer machten sich daran, billige Erbsenbauern zu finden. Sie waren sehr erfolgreich. Sie lassen jetzt die Erbsen billig im Ausland anbauen und ernten. So beschäftigen sie Millionen Arbeitskräfte rund um die Erde, die so viele Erbsen produzieren, dass auch die Erbsenzähler im Königreich davon leben können.

Und sie erfanden noch einen tollen Exportschlager: das Erbsenzählen. Sie fahren jetzt ins Ausland zum Erbsenzählen – gegen gutes Honorar. Sie übersetzen all die komplexen Gesetze und Verordnungen in fremde Sprachen – gegen gutes Honorar. Und sie gründen internationale Erbsenzähler-Konzerne, die zählen, prüfen, beraten, schulen und die insbesondere die vielen Tricks mit den weißen, grauen und schwarzen Erbsen weitertragen – gegen sehr, sehr gutes Honorar. Das System ist ungeheuer erfolgreich – solange es auf der Welt noch genügend Menschen gibt, die bereit sind für ganz, ganz wenig Geld ganz viele Erbsen zu produzieren.

Bis dahin machen die Fürsten in den Königreichen einmal im Jahr ein tolles Festival, auf dem sie den anderen Fürsten, aber auch den Journalisten und besonders den Analysten die Zahl ihrer weißen und grauen Erbsen präsentieren (heute heißt das „Bilanz-Pressekonferenz"). Mit vielen bunten Charts, Weltkarten und Computeranimation: der Tanz um die goldene Erbse.

Und wenn sie nicht gestorben sind, dann zählen sie noch heute.

Jürgen Fuchs (26)

Fazit:

Obwohl die Schule langsam wieder zur Normalität zurückkehrt, war sie lange Zeit durch die Coronapandemie gezeichnet. Zu Beginn der Pandemie war die Vorgangsweise des Ministeriums positiv anzusehen, was sich im Laufe der Zeit ins Gegenteil gewandelt hat.

Leider wurde noch kurz vor Ausbruch der Pandemie eine völlig sinnlose Bildungsverwaltungsreform installiert, die so Kuriositäten wie eine gemeinsame Bund-Land-Behörde schuf und deren Schwächen während der Pandemie sehr deutlich wurden.

Es wurde nämlich ein über Jahrzehnte funktionierendes System mit dem für die jeweilige Schulart zuständigen, fachlich kompetenten Landesschulinspektoren, die sich im Laufe der Zeit von einem Kontrollorgan zu einem beratenden und hilfreichen Bildungscoach gewandelt haben, gekappt, ohne eine ähnlich gut funktionierende Struktur aufgebaut zu haben und das ist den Schulen in der Pandemie ziemlich auf den Kopf gefallen.

Jetzt ist nämlich ein Schulqualitätsmanager (das Wort Qualität wird im Schulwesen inflationär verwendet und hat wirklich keine Bedeutung mehr – wo Qualität draufsteht, ist keine drin) für fast hundert Schulen von den Volksschulen bis zu den weiterführenden Schulen zuständig, wer dieses komplexe System mit seinen vielen Rechtsvorschriften wirklich umsetzen soll, ist mehr als fragwürdig. Wenn man nur an die vielen verschiedenen Reife- und Diplomprüfungsverordnungen denkt, ist das für eine Person, dem Schulqualitätsmanager (SQM), sehr schwer zu schaffen.

Außerdem wurden während der Pandemie eine Vielzahl von Verordnungen und Erlässen von Seiten des Ministeriums ausgegeben, viele von ihnen zu spät oder sich ständig widersprechend, was es sehr schwer machte sie am Standort tatsächlich umzusetzen.

Mit Fortdauer der Pandemie fehlte von Seiten des Ministeriums jede langfristige Planung, um einen roten Faden zu schaffen, an dem sich Direktoren, Lehrer, Schüler und Eltern orientieren konnten. Stattdessen wurden so kurzfristig wie möglich Informationen an die Schulen geschickt, die dann aber sofort umzusetzen waren.

Wirklich kurios wurde es aber, wenn Erlässe, wie für die Zeugnisverteilung der abschließenden Prüfungen, drei Tage vor den ersten Zeugnisverteilungen kommen, aber die Anmeldung bei der Gesundheitsbehörde drei Wochen dauert. Denkt sich hier irgendjemand etwas? Ist es nicht möglich, weil das ist jedes Jahr so, das nach abschließenden Prüfungen eine feierliche Zeugnisübergabe erfolgt, rechtzeitig zwischen zwei Ministerien eine generelle Lösung, mit verschiedenen Varianten je nach Inzidenzzahlen, für ganz Österreich zu schaffen?

Je länger die Pandemie dauerte, umso auffälliger wurde das absolute Unverständnis von Seiten des Ministeriums für die sehr schwierige Situation in den Schulen, wo mit maximalem Einsatz versucht wurde, die Schüler bei der Stange zu halten, Ansteckungen zu verhindern und das Bildungsziel so gut wie möglich zu erreichen.

Rücksichtnahme war für das Ministerium leider ein Fremdwort, statt die Schulen zu entlasten und auf manche Testungen und Umfragen zu verzichten, wurden die Schulen mit einer Vielzahl von zusätzlichen Aufgaben wie Einführung eines neuen Qualitätssystems, Feldtestungen, PISA-Tests und sonstigen Erhebungen belastet, weil wenn sich das Ministerium etwas vornimmt, dann wird es durchgeführt, koste es, was es wolle.

Denn leider werden am Minoritenplatz Entscheidungen getroffen, die für die Schulen nicht förderlich sind, sondern die Arbeit in der täglichen Praxis erheblich erschweren.

*Das Ministerium ist
für die Schulen da
und nicht die Schulen
für das Ministerium!*

nach Albert Einstein

26 Gedanken zur Zukunft der österreichischen Bildung

***I hob zwoar ka ohnung wo I hinfoahr
owa dafüa bin i gschwinda duat***

Qualtinger

1. Schaffung eines österreichischen Bildungskonsenses an dem alle Parteien, Wirtschaftskammer, Arbeiterkammer, Industriellenvereinigung, Gewerkschaft, Ministerium, Wissenschaftler, Lehrer-, Direktoren-, Eltern- und Schülervertreter usw. vertreten sind, um einen österreichischen Bildungsplan 2035 zu entwerfen. Dieser Bildungsplan soll dann step by step umgesetzt werden, unabhängig davon, welche Regierung und welcher Minister gerade zuständig ist. Änderungen im Bildungswesen dauern sehr lange, so wie man bei einem Ozeandampfer die Richtung nicht schnell ändern kann, da es vom Eintritt in die erste Klasse Volksschule bis zum Abschluss mit Reifeprüfung 12 bis 13 Jahre dauert.
Bei diesem Konzept soll es nicht wie bisher üblich um Macht und Einfluss gehen, sondern um das Wohl der Schüler und eine zukunftsorientierte Ausbildung.

2. Verabschieden wir uns wieder von so kuriosen Ideen wie Clusterschulen bei denen Schulen aus den verschiedensten Schularten unter einheitlicher Leitung stehen. Solche Ideen entstehen leider, wenn Konzepte aus der Wirtschaft unreflektiert auf das ganz andere System Schule übertragen werden. Vielleicht gibt es in großen Schulzentren sicher Synergien hinsichtlich Raum und Ausstattung, aber warum wundern wir uns dann über immer größer werdende psychische Probleme unserer Kinder und die Folgekosten, die durch die

Probleme der Schüler auftreten die vordergründigen Einsparungen bei Weitem übertreffen. Wenn man große Schulzentren errichten will, dann hätte man an den HTLs viele best practice Beispiele wie so große Organisationen erfolgreich geführt werden, aber leider vergisst man, aus dem Elfenbeinturm herauszusehen.

3. Verabschieden wir uns auch von der Idee „ein Direktor für mehrere Schulen", sodass Direktoren oft für drei Schulen, die räumlich teilweise kilometerweit voneinander entfernt liegen, zuständig sind. Meist ist der Direktor dann nicht anwesend, wenn er dringend gebraucht wird, weil die Wahrscheinlichkeit, dass er gerade am richtigen Ort ist, liegt bei 33 %. Kein Kandidat beim Millionenquiz würde einem Publikumsjoker mit 33 % vertrauen, aber in der Schule können wir uns eine solche Organisation leisten, die eindeutig zulasten der Schulqualität geht.

4. Wiedereinführung von sachkundigen, schulartenspezifischen Bildungsmanagern.

5. Den Mut aufbringen, Schulen, die nicht attraktiv sind, zu schließen und Schulgründungen für alle, auch für Privatschulen, unter den gleichen Bedingungen durchführen.

6. Schaffung von psychosozialen Zentren in jeder Bezirkshauptstadt, die ständig mit Schulpsychologen und Sozialarbeitern besetzt sind und sofort eingreifen können, weil bei Problemen mit Schülern muss schnell gehandelt werden – man ruft ja auch nicht die Feuerwehr und bekommt nächste Woche Freitag einen Termin.

7. Endlich die Möglichkeit schaffen, sich von schlechten Lehrern zu trennen und sie aus dem System zu nehmen, auch wenn sie schon eine Vielzahl von Dienstjahren haben und nicht wie bisher üblich Wanderpokale zu schaffen, die weiterhin sich, Schüler, Eltern und Direktoren unglücklich machen.

8. Bei der Erstellung von Verordnungen, Erlässen und Rundschreiben beachten, dass es riesige Unterschiede zwischen den Bedürfnissen von Volksschülern und Maturanten (volljährig, wahlberechtigt) gibt.
Derzeit werden sie oft so gestaltet, dass sie für alle Schularten gelten, so ist es für die Behörde einfacher, führt aber oft zu kuriosen Situationen wie z. B. das völlig missglückte Werbeverbot. Eine Trennung der Abteilungen im Ministerium in Pflichtschulen und weiterführende Schulen wäre sicher wieder sinnvoll.

9. Ausgaben für die Bildung endlich als Investition für die Zukunft begreifen und nicht als reinen Aufwand betrachten.
Es kann eigentlich nicht sein, dass bei der Erstellung von neuen Lehrplänen die modern, innovativ, der Wirtschaft und der Zeit angepasst sein sollen als oberstes Prinzip „Kostenneutralität" gilt, d. h. der neue Lehrplan darf auf keinen Fall mehr kosten, als der alte gekostet hat – also auf in neue Zeiten mit Fußfesseln – das verstehe, wer mag. Dies führt oft dazu, dass nicht prüfungsrelevante aber für die Persönlichkeitsentwicklung wichtige Fächer gekürzt oder gestrichen werden und meist statt einem zukunftsorientierten neuen Lehrplan ein fauler Kompromiss herauskommt.

10. Die budgetären Mittel den Schulen rechtzeitig also zu Jahresbeginn bereitzustellen und nicht erst 6 Monate später, was bei mehrjährigen Budgets ja machbar sein müsste.

11. Verwaltungspersonal für die Volks- und neuen Mittelschulen einstellen und menschenwürdige Arbeitsplätze für die Lehrer an den Schulen schaffen – es kann nicht sein, dass es in manchen Schulen noch immer „chairsharing" im Konferenzzimmer gibt – also einen Sessel für mehrere Lehrer.

12. Die Bildungsdirektionen zu Servicestellen für die Schulen machen, wie es der Landesschulrat für Niederösterreich viele Jahre vorgelebt hat.

13. Überlegungen hinsichtlich der Ferienordnung anstellen, da wir nicht mehr in der landwirtschaftlichen Gesellschaft des 19. Jahrhunderts leben.

14. Öffnung der Schulen und Vernetzung mit Sportvereinen, Musikschulen, Kultureinrichtungen usw., Persönlichkeiten aus der Wirtschaft, dem öffentlichen Leben, Sozialbereich in das Schulleben integrieren, indem Miniaturverträge möglich gemacht werden, aber keine Quereinsteiger ohne pädagogische Ausbildung als Lehrer einstellen.

15. Konkurrenz zwischen den Schulen auch in den Pflichtschulen durch Aufhebung der Sprengellösung ermöglichen. Konkurrenz belebt und führt zu positiver Schulentwicklung. Aufwertung der neuen Mittelschulen (NMS), die in den letzten Jahren zu Tode reformiert wurden und die Akzeptanz in der Bevölkerung verloren haben. Wobei noch immer der größte Teil der Maturanten in der Unterstufe die NMS besucht haben, was sehr für die Durchlässigkeit des österreichischen Schulsystems spricht. Einführung einer abschließenden Prüfung nach der 8. Schulstufe durch die auch die Aufnahmekriterien für weiterführende Schulen festgelegt werden.

16. Brauchen wir wirklich noch ein fünfstufiges Notensystem, würde nicht ein System mit den drei Noten „Ausgezeichnet", „Bestanden", „Nicht bestanden" genügen?

17. KI unbedingt positiv in den Unterricht integrieren.

18. Aufwertung der mittleren Schulen durch einen erleichterten Einstieg in die Lehre, sodass nach 3 Jahren mittlerer Schule nur mehr zwei Jahre spezifische Lehrzeit, ganz egal in welchem Beruf, zu absolvieren sind. Die Betriebe bekommen ältere Lehrlinge, die viele Verhaltensbasics wie grüßen, bitte, danke, Pünktlichkeit usw. schon in der Schule gelernt haben, und mit 19 Jahren sind die von der Wirtschaft so dringend

gesuchten Facharbeiter fertig. Ein weiterer Vorteil ist, dass in diesem Alter schon ein Führerschein vorhanden ist und damit eine leichtere Erreichbarkeit der Lehrstelle gegeben ist.

19. Lehrerweiterbildungen länderübergreifend und schulartenübergreifend durchführen, weil der Blick über den Tellerrand sehr aufschlussreich ist.

20. Prüfungskommissionen der abschließenden Prüfungen wieder mit Vorsitzenden und Direktoren besetzen, da der Mehrwert der Außensicht auf eine andere Schule bzw. die Anregungen die man von einem Vorsitzenden als „critical friend" bekommt, die Einsparungen durch die Prüfungsgebühr bei Weitem übersteigt.

21. Respektierung der Lehrer und Direktoren als gleichwertige Partner des Ministeriums und nicht so wie bisher als Befehlsempfänger, denen unter dem Deckmantel der Autonomie unangenehme Aufgaben zugeschoben werden, die aber sonst einem immer stärker werdenden Kontrollzwang unterliegen.

22. Ein klares Statement zur Schule als Bildungseinrichtung abgeben, in der es um das Wohl des Schülers und die Förderung seiner Anlagen geht, mit dem Ziel zu einem positiven Bildungsabschluss zu kommen.

23. Besetzung von Führungspositionen im Bildungsministerium nur mehr mit Unterrichtserfahrung (z. B. mindestens 7 Jahre als Lehrer oder 5 Jahre als Direktor).

24. Stolz auf die Vielfalt und Durchlässigkeit des österreichischen Schulsystems sein es erhalten und ausbauen.

25. Es ist unbedingt notwendig dafür zu sorgen, dass alle Kinder vor dem Eintritt in die Volksschule die Unterrichtssprache können.

26. Schaffen wir eine Schule, in der das Wohl und die Persönlichkeit des Schülers im Zentrum stehen und die zur Entwicklung gebildeter, arbeitswilliger, demokratisch gesinnter und empathischer Menschen beiträgt.

> *Führen aber heißt,*
> *den Menschen und den Dingen zu dienen,*
> *zuerst die Menschen und das Wohl*
> *des Unternehmens im Auge zu haben*
> *und nicht in erster Linie das*
> *eigene Prestige.*
>
> *Anselm Grün*

Literaturverzeichnis

(1) www.steyler.de/de-anregung/liturgie/artikel/2019/besondere-Anlaesse/schulabschluss-abitur-bA-liturgie.php

(2) Kambiz Poostchi, Goldene Äpfel, Verlag Via Nova 2010, S. 35

(3) persische Geschichte entnommen Felder Tonninger, Ganzheitliches Lernen und Trainieren, Felder Verlag 1999, S. 85

(4) A. Widmann, A. Wenzlau, Moderne Parabeln, Publics 2014, S. 142

(5) entnommen Wikipedia

(6) H. Felder, Trainingshandbuch GLT, WIFI 1990

(7) Arthur Lassen, Heute ist mein bester Tag, Lipura 1997, S. 31

(8) Hans Heß, Erzählbar, managerSeminare VerlagsGmbH, 2015, S. 202

(9) Kambiz Poostchi, Goldene Äpfel, Verlag Via Nova 2010, S. 39

(10) Kambiz Poostchi, Goldene Äpfel, Verlag Via Nova 2010, S. 81

(11) Marjolein Bastin, Geh langsam, wenn du es eilig hast, Coppenrath Verlag 2018, S. 101

(12) Anselm Grün, Menschen führen Leben wecken, Vier-Türme-Verlag 1998, S. 39

(13) Max Friedrich, Lebensraum Schule, Ueberreuter 2008, S. 87

(14) Anselm Grün. Menschen führen Leben wecken, Vier-Türme-Verlag, 1998, S. 85

(15) Anselm Grün. Menschen führen Leben wecken, Vier Türme Verlag, 1998, S. 105

(16) Hans Heß, Erzählbar, managerSeminare VerlagsGmbh, 2015, S. 208

(17) Wolfgang Hölker, Märchenstunde für Manager, Coppenrath 2015, S. 117

(18) Marjolein Bastin, Geh langsam, wenn du es eilig hast, Coppenrath Verlag 2018, S. 33

(19) Alfred Mohler, die 100 Gesetze erfolgreicher Mitarbeiterführung, Ullstein 1996, S. 69

(20) Alfred Mohler, die 100 Gesetze erfolgreicher Mitarbeiterführung, Ullstein 1996, S. 204

(21) Wolfgang Hölker, Märchenstunde für Manager, Coppenrath 2015, S. 88

(22) Hans Heß, Erzählbar, managerSeminare VerlagsGmbh, 2015, S. 140

(23) Arthur Lassen, Heute ist mein bester Tag,
LET Verlag, 1988, S. 66

(24) Alfred Mohler, die 100 Gesetze erfolgreicher Mitarbeiterführung, Ullstein 1996, S. 255

(25) Maryolein Bastin, Geh langsam, wenn du es eilig hast,
Coppenrath Verlag 2018, S. 8

(26) Wolfgang Hölker, Märchenstunde für Manager,
Coppenrath 2015, S. 25

DER AUTOR

Leopold Mayer wurde 1955 in Krems geboren, absolvierte erfolgreich seine Schulausbildung an einer Handelsakademie und ging anschließend für sein Studium an die WU. Als Lehrer für kaufmännische Fächer hat er seine Berufung gefunden und mit seinem Unterricht viele junge Menschen auf ihrem Weg begleitet. Nach zahlreichen Dienstjahren erfolgte der Karrieresprung zum Direktor. Ob bei witzigen Auftritten am Maturaball oder als treuer Fan bei Sport- und Kulturveranstaltungen – Herr Dir. Mayer war für seine Schüler und Lehrer immer da. Zusätzlich konnte er als Seminarleiter der PH und Trainer am WIFI Wien sein Wissen weitergeben. Als Direktorensprecher bekam er viele Einblicke in das österreichische Schulwesen.

In seiner Freizeit widmet sich Leopold Mayer gerne seiner Leidenschaft für Tennis und Fußball, aber auch das Lesen und Weitwandern dürfen nicht zu kurz kommen.

DER VERLAG

VINDOBONA
VERLAG SEIT 1946

ein Verlag mit Geschichte

Bereits seit 1946 steht der Vindobona Verlag im Dienst seiner Bücher und Autoren. Ursprünglich im Bereich periodisch erscheinender Journale tätig, präsentiert sich der Verlag heute als kompetenter Partner für Neuautoren am deutschen, österreichischen und schweizerischen Buchmarkt. Engagement, Verlässlichkeit und Sachverstand – das sind die Grundpfeiler, auf denen der Verlag seit jeher sicher steht.

Sie möchten mit Ihrem Werk das vielseitige Verlagsprogramm bereichern? Der Vindobona Verlag garantiert Ihnen eine professionelle Prüfung Ihres Manuskriptes durch das Lektorat sowie eine zeitnahe Rückmeldung.

Genauere Informationen zum Verlag finden Sie im Internet unter:

www.vindobonaverlag.com